고통의
문제

믿음이란
한 알의 밀알이 땅에 떨어져 죽음으로 많은 열매를 맺음과 같이
진리의 열매를 위하여 스스로 죽는 것을 뜻합니다.
눈으로 볼 수는 없으나 영원히 살아 있는 진리와
목숨을 맞바꾸는 자들을 우리는 믿는 이라고 부릅니다.
「믿음의 글들」은 평생, 혹은 가장 귀한 순간에
진리를 위하여 죽거나 죽기를 결단하는
참 믿는 이들의, 참 믿는 이들을 위한, 참 믿음의 글들입니다.

고통의 문제

C. S. 루이스 지음

이종태 옮김

홍성사

잉클링즈 회원들에게

하나님의 아들은 인간의 고난을 면해 주기 위해서가 아니라,
그들의 고난이 자신의 고난과 같은 것이 되게 하기 위해
죽기까지 고난받으셨습니다.

조지 맥도널드 George Macdonald
〈전하지 못한 설교 Unspoken Sermons: First Series〉

차 례

머리말

    애슐리 샘슨 씨가 처음 이 책을 쓰라고 했을 때, 저는 익명으로 쓸 수 있게 해 달라고 부탁했습니다. 제가 정말 고통에 대해 생각하고 있는 바를 밝히려면 꽤나 꿋꿋한 인간인 것처럼 보일 말을 할 수밖에 없는데, 저를 알고 있는 사람들이 읽는다면 코웃음 칠 것이 뻔했기 때문입니다. 제 부탁은 이 시리즈의 성격에 맞지 않는다는 이유로 거절되었습니다. 그런데 샘슨 씨가 머리말을 통해 나 또한 내 원칙대로 살지 못한다는 점을 밝히면 되지 않겠느냐고 하는 것입니다!

    저는 반갑기 짝이 없는 그 계획을 지금 실천하고 있는 중입니다. 주저 없이 고백하지만, 저는 이 책을 쓰는 내내 저 훌륭한 월터 힐튼Walter Hilton의 말처럼 "내 말이 주는 참된 인상과 실제 내 모습이 너무나 동떨어져 있다는 느낌 때문에, 오직 소리를 높여 자비를 구하며 있는 힘껏 그렇게 되기를 갈망하는 수밖에[1] 없었습니다.

그러나 바로 그 점 때문에 한 가지 비난에서만큼은 자유로울 수 있습니다. 즉 누구도 저에게 "자기는 아픔을 느낀 적도 없으면서 남의 상처를 가지고 장난친다"고 말할 수 없습니다. 저는 심지어 심한 고통에 대해 상상하는 것조차 실제 고통을 당하는 것보다 수월히 느낀 적이 한 번도 없었습니다. 고통이라는 적(敵)을 과소평가할 위험이 전혀 없는 사람이 있다면, 제가 바로 그 사람입니다.

이 책을 쓴 유일한 목적은 고통이 야기하는 지적인 문제를 해결하려는 것임을 덧붙여야겠습니다. 꿋꿋함과 참을성을 가르치는 것은 이보다 훨씬 더 차원 높은 과제이지만 저는 스스로 이 일의 적격자라고 나설 만큼 어리석지도 않을 뿐더러, 고통을 겪고 있을 때에는 많은 지식보다 작은 용기가, 큰 용기보다 적은 인정(人情)이, 그리고 이 모든 것보다 하나님의 가장 작은 사랑이 더 도움이 된다는 확신 외에는 독자들에게 줄 것이 없습니다.

진짜 신학자가 이 책을 읽는다면, 평신도 아마추어가 썼다는 사실을 금세 알아챌 것입니다. 마지막 두 장(章)에는 확실히 추론적인 성격이 있지만, 나머지 장들에서는 옛부터 내려오던 정통 교리들을 표현만 바꾸어 되풀이했습니다. 만약 이 책에 색다르거나 비정

---

1) 〈완전함의 척도 Scale of Perfection〉, 1, xvi.-지은이 주로서 이하 *로 표시한다. 그 외는 편집자 주.

통적이라는 의미에서 '독창적인' 부분들이 있다면, 그것은 제 뜻에 어긋나는 것으로서 무지의 결과입니다. 물론 저는 영국 국교회의 평신도로서 이 책을 썼습니다만, 세례를 받고 성도의 교제를 나누는 모든 그리스도인들이 고백하는 것만을 취하려고 노력했습니다.

이 책은 학술서가 아니기 때문에 개념이나 인용문의 출전을 쉽게 찾을 수 없는 경우에는 굳이 밝히려고 애쓰지 않았습니다. 아마 신학자들은 제가 읽은 책들이 어떤 것들이며, 또 그 수가 얼마나 보잘것없는지 쉽게 알 수 있을 것입니다.

1940년,
옥스퍼드 모들린 대학에서
C. S. Lewis.

제1장 서론

그런 사람들이 그토록 대담하게 하나님에 대해 말하는 임무를
떠맡는 것을 보면 놀랍다. 그들은 불신자들을 대상으로 논문을
쓸 때 자연의 작품들을 통해 하나님의 존재를 증명하는 장(章)을
먼저 쓰는데…… 이것은 우리 종교가 가진 증거물들이 대단히
미약하다고 생각할 근거를 독자들에게 제공할 뿐이다. ……정
통적인 글을 쓴 사람들 중 어느 누구도 하나님을 증명하기 위해
자연을 동원하지 않았다는 것은 주목할 만한 사실이다.

블레즈 파스칼 Blaise Pascal, 〈팡세 Pensées〉, IV, 242, 243

불과 몇 년 전 제가 무신론자였을 때 "왜 하나님을 믿지 않느냐?"는 질문을 받았다면, 대략 이런 식의 대답을 했을 것입니다.

"우리가 살고 있는 우주를 보세요. 그 대부분이 완전히 어두울 뿐 아니라 상상을 초월할 정도로 추운 빈 공간으로 이루어져 있습니다. 그 공간과 비교할 때 그 안에서 움직이고 있는 천체들은 수도 너무 적을 뿐 아니라 크기도 너무 작아서, 설사 모든 천체가 완벽하게 행복한 생물들로 꽉 차 있다 해도 그런 생명과 행복이 우주를 만든 힘에게 일종의 부산물 이상의 의미를 갖는다고 보기는 여전히 어렵지요. 그런데 사실 과학자들은 우주의 태양들 중 극소수만이─어쩌면 우리가 보고 있는 태양만이 유일하게─행성을 거느리고 있으리라 생각하고 있습니다. 또 우리 태양계만 보더라도 지구외의 다른 행성에는 생명체가 살고 있을 것 같지 않습니다. 더구나 지구도 수백만 년 간 생명체 없이 존재했고, 이 생명체들이 다 사라진 후에도 또 그렇게 수백만 년 이상 존재할 겁니다.

생명체가 있을 동안의 사정은 또 어떻습니까? 모든 형태의 생명체는 서로를 먹이로 삼아야만 살 수 있게 되어 있습니다. 하등한 형태의 생명체에게는 그저 죽음으로 이 과정이 끝나 버리지만, 고등생물의 경우에는 의식(意識)이라는 새로운 특질이 나타나 고통을 느끼게 만들지요. 그 생물들은 고통을 일으키며 태어나, 고통을 가하며 살다가, 대부분 고통 속에 죽습니다.

가장 복잡한 형태의 생물인 인간에게는 이성(理性)이라는 또 다른 특질이 나타나 자신의 고통을 예견하게 함으로써 실제 고통이 닥치기도 전에 예리한 정신적 고통을 먼저 겪게 할 뿐 아니라, 영원을 간절히 열망하면서도 자신의 죽음을 내다보며 살 수밖에 없게 만들어 버립니다. 또 인간은 이성을 통해 교묘한 책략들을 많이 꾸며 냄으로써, 이성이 없었을 경우 다른 인간이나 이성이 없는 생물들에게 가했을 고통보다 훨씬 더 큰 고통을 가하게 되었습니다. 그들은 이성의 힘을 한껏 써먹었습니다. 그들의 역사는 대부분 범죄와 전쟁과 질병과 테러의 기록으로서, 그 사이사이 끼어 있는 행복이라고 해 봐야 막상 행복을 누리고 있을 때에는 그것을 잃으면 어쩌나 노심초사하게 만들고, 행복을 잃고 난 후에는 쓰라리고 비참한 심정으로 과거의 기억을 그리워하게 만드는 수준에 불과합니다.

가끔 상태가 나아지면 이른바 문명이라는 것이 등장하지요. 그러나 모든 문명은 사라지게 마련이고, 지속되는 동안에도 인간이 늘상 겪는 고통들을 덜어 주는 측면보다는 그 문명이 고유하게 양산해 내는 고통을 가중시키는 측면이 더 크다고 할 수 있습니다. 지금 우리의 문명 또한 그런 작용을 하고 있다는 사실을 부인할 사람은 아무도 없을 겁니다. 그리고 이 문명 또한 이전의 문명들처럼 사라질 것이 분명하지요.

설령 사라지지 않는다 해도 뭐가 달라지겠습니까? 인류는 어차피 파멸하게 되어 있습니다. 우주 어느 곳에 생겨난 종족이라 해도 결국은 다 파멸하고 말 것입니다. 사람들의 말처럼 우주는 쇠락하고 있으며, 언젠가는 저온 상태에서 동형 동질의 무한지대가 되어 버릴 겁니다. 그간의 사연들은 전부 무(無)로 돌아가 버릴 테고, 모든 생명이란 결국 무한한 물질이 그 천치 같은 얼굴을 별 뜻 없이 잠깐 찡그린 것에 불과하다는 사실이 입증되겠지요.

당신이 이런 우주를 자비롭고 전능한 영의 작품으로 믿으라고 한다면, 저는 모든 증거가 오히려 정반대의 결론을 가리키고 있다고 대답하겠습니다. 즉 우주의 배후에는 어떤 영도 존재하지 않거나, 선과 악에 무관심한 영이 존재하거나, 악한 영이 존재하거나 셋 중에 하나라는 것입니다."

그런데 제가 꿈에도 생각지 못했던 문제점이 하나 있었습니다. 이 비관론적 주장이 설득력 있고 유창한 만큼, 그 즉시 제기되는 문제가 있다는 것을 그 당시에는 전혀 알아채지 못했습니다. 만약 우주가 그토록 나쁜 곳이라면, 아니 제가 말한 바의 반만큼이라도 나쁜 곳이라면, 사람들은 어떻게 그처럼 나쁜 것을 지혜롭고 선량한 창조자가 만들어 냈다는 생각을 하게 되었을까요? 인간들이 바보라서 그랬을 수도 있겠지만, 사실 아무리 바보라 해도 그 정도까지 어리석을 수는 없습니다. 검은 것에서 흰 것을, 악의 꽃에서 덕의 뿌리를, 무의미한 작품에서 무한히 지혜로운 장인(匠人)을 곧바로 유추해 냈다고 보기는 어렵습니다. 인간들이 경험을 통해 알게 되었을 우주의 실제 모습을 종교의 근거로 삼았을 리는 없습니다. 오히려 그들은 다른 출처를 통해 종교를 갖게 되었을 것이고, 우주의 실제 모습을 알았음에도 불구하고 계속 그 종교를 견지했던 것이 분명합니다.

무지로 인해 자연에 대해 기분 좋은 환상을 품고 있던 인류의 조상들이 과학의 발전과 함께 비로소 그 환상에서 깨어났다고 생각한다면 착각입니다. 누구나 신앙을 가지고 있었던 지난 수세기 동안에도 사람들은 우주가 무시무시하게 크고 텅 비어 있다는 사실을 이미 알고 있었습니다. 아마 여러분은 '중세인들은 지구가 평평하며 별들이 지구 가까이 있다고 생각했다'고 써 놓은 책들을 볼 텐데, 그것은 전부 거짓말입니다. 프톨레마이오스 Claudius Ptolemaeus는 고정된 별들의 거리—중세의 한 대중적인 글은 그 거리를 약 1억 1,700만 마일 정도로 어림잡고 있습니다—에 비하면 지구는 크기를 잴 수도 없는 수학상의 한 점에 불과하다고 말한 바 있습니다.

그 전 시대에도, 아니 처음부터 인간은 좀더 알기 쉬운 근거를 통해 우주의 적대적인 광막함을 우리와 똑같이 느꼈을 것입니다. 선사 시대 사람들에게 부근의 숲은 가히 무한해 보였을 것이고, 밤마다 거처 앞까지 다가와 쿵쿵거리며 으르렁거리던 짐승들은 우리가 항성들이 점점 식어가고 있다는 사실이나 우주 광선 같은 것에서 느끼는 것과 비슷한 이질성과 곤혹스러움을 느끼게 했을 것입니다. 인간의 삶은 어느 시대나 예외 없이 고통스럽고 황폐했던 것이 분명합니다. 기독교는 유대인들 사이에서 시작되었는데, 호전적인 대제국들 틈바구니에 끼어 끊임없이 전쟁에 패배하고 포로로 끌려갔던 이 민족은 폴란드나 아르메니아 같은 피정복국가의 비극을 익히 알고 있었습니다. 이 책을 잠시 내려놓고, 모든 위대한 종교는 마취제가 없던 세상에서 처음 전파되었고 그 후로도 오랫동안 지속되어 왔다는 사실에 대해 5분 간 생각해 보십시오.

이처럼 이 세상에서 벌어지는 사건들로부터 창조자의 선함과 지혜를 유추해 낸다는 것은 어느 시대에나 불합리한 일이었을 것이며, 실제로 그런 일이 시도된 적 또한 한 번도 없었습니다.[2] 종교의

---

2) 즉 종교의 발단 단계에서는 그런 시도가 없었다는 것입니다. 그러나 일단 하나님에 대한 신앙이 **받아들여지고 난 후부터는** 자연히 삶의 불행에 대해 설명하거나 해명하려는 '신정론' 들이 자주 등장했습니다.*

기원은 다른 데 있습니다. 지금부터 제가 **주로** 하려는 일은 기독교의 진리를 주장하는 것이 아니라 그 기원을 설명하는 것—제가 보기에 이것은 고통의 문제를 바로 다루는 데 꼭 필요한 일입니다—임을 알아주시기 바랍니다.

모든 고등종교에는 세 가지 성분 내지 요소가 있는데, 기독교에는 그 외에 한 가지 요소가 더 있습니다. 종교의 첫째 요소는 오토 교수가 명명한 바 **누미노제**[3]의 경험입니다, 이 용어를 들어보지 못한 분의 경우, 다음과 같은 상황을 상상하면 도움이 될 것입니다. 지금 옆방에 호랑이가 있다는 말을 들었다고 합시다. 여러분은 자신이 지금 위험에 처했다는 사실을 알고 두려움(fear)을 느낄 것입니다. 그런데 이번에는 "옆방에 유령이 있다"는 말을 들었고 그 말을 믿는다고 해 봅시다. 이때 느끼는 감정도 두려움이라고 할 수 있지만 이것은 전과 다른 종류의 두려움입니다. 그것은 위험을 감지했을 때 느끼는 감정이 아닙니다. 사람들은 대체로 유령이 무슨 짓을 할까 봐 무서워하는 것이 아니라 그것이 유령이라는 사실 자체를 무서워하기 때문입니다. 유령은 위험하다기보다는 '으스스한'(uncanny) 것으로서, 이것이 불러일으키는 특별한 종류의 두려

---

3) Numinose / Numinous. 독일의 신학자이자 종교사가인 루돌프 오토 Rudolf Otto가 라틴어 'numen'(신, 영혼, 신성)을 차용하여 만든 용어로서, 전적 타자 즉 세속 영역을 철저히 초월하는 존재를 가리킨다. 오토는 대표작인 〈성스러움의 의미 *Das Heilige*〉(분도출판사 역간)에서 누미노제를 인지하는 순간 느끼게 되는 '두려운 신비'에 대해 설명하고 있다.

움을 우리는 공포(Dread)라고 부를 수 있습니다. 이런 으스스한 경험을 할 때 우리는 누미노제의 언저리에 도달하게 됩니다.

이번에는 "지금 이 방에 어떤 강력한 영이 있다"는 말을 듣고 그 말을 믿는다고 가정해 보십시오. 이때 여러분은 단순히 위험을 감지하고 두려워하는 것과는 아주 다른 감정을 느낄 것이며, 심한 동요를 느낄 것입니다. 여러분은 경이감과 더불어 어떤 위축감―그 방문자를 감당할 수 없을 것 같고 그 앞에 꿇어 엎드려야 할 것 같은 감정, 셰익스피어 William Shakespeare가 말한 바 "그 앞에서는 나의 수호신조차 겁을 먹는"[4) 느낌―을 경험합니다. 이런 느낌을 우리는 경외감이라고 부를 수 있으며, 이런 경외감을 불러일으키는 대상을 '누미노제'라고 부를 수 있습니다.

인간이 아주 초창기부터 영들이 우주에 출몰한다고 믿었다는 것은 의심할 여지 없는 사실입니다. 그러나 그런 영들을 처음부터 누미노제에 대한 경외감으로 대했다는 오토 교수의 가정은 너무 성급한 것일 수 있습니다. 누미노제에 대한 경외감을 표현할 때와 단순히 위험에 대한 두려움을 표현할 때 같은 언어가 사용될 수 있다는―지금도 유령만 '무섭다'고 하는 것이 아니라 물가가 오르는 것 또한 '무섭다'고 하듯이―아주 적절한 이유 때문에 이 가정은 '참'으로 입증될 수가 없습니다. 따라서 이론적으로만 보면, 사람들이 그 영들을 단순히 위험한 존재로 여겨서 호랑이를 무서워하는 것

---

4) 〈맥베스 *Macbeth*〉 3막 1장.

과 똑같이 무서워했던 시절이 있었다고 가정할 수도 있습니다. 어쨌든 분명한 사실은 지금은 누미노제 체험이 존재하며, 그 연원을 추적하다 보면 아주 오래 전까지 거슬러 올라갈 수 있다는 것입니다.

우리는 〈버드나무에 부는 바람 *The Wind in the Willows*〉에서 물쥐 래트와 두더지 모울이 섬에 있는 목신(牧神) 팬에게 다가가는 장면[5]을 통해 현대의 예를 찾아볼 수 있습니다(동화에서 예를 찾을 수는 없다고 오만하게 굴지만 않는다면 말이지요).

"래트."

모울이 떨면서 숨죽여 속삭였다.

"무섭니?"

"무섭냐고?"

래트가 말할 수 없는 사랑이 담긴 눈을 반짝이며 낮게 말했다.

"무섭냐고? 팬이? 오, 아니야, 절대 아니야. 하지만, 하지만 모울, 무섭기도 해."

한 세기 더 거슬러 올라가면 워즈워스William Wordsworth에게

---

5) 래트와 모울은 행방불명된 새끼 수달 포틀리를 찾다가, 저항할 수 없는 황홀한 음악에 이끌려 강 가운데 있는 섬으로 간다. 그들은 거기에서 목신 팬과 그의 발굽 사이에 웅크리고 잠들어 있는 포틀리를 발견한다. ─〈어린이책의 역사 1〉(시공사 역간) 168쪽 참조.

서 풍부한 예를 찾을 수 있습니다. 아마 가장 훌륭한 예는 그가 훔친 배를 타고 호수 위를 노 저어 갈 때의 경험을 묘사한 〈서곡 *The Prelude*〉 제1권의 구절들일 것입니다. 그보다 더 전으로 올라가면 갤러헤드가 "죽음의(=언젠가는 죽을 수밖에 없는) 육신으로 영적인 것들을 보게 되자 극심하게 떨기 시작"했다는 맬러리 Sir Thomas Malory 의 묘사[6]에서 대단히 순수하고 강력한 예를 찾아볼 수 있습니다. 1세기 초에는 요한계시록의 저자가 부활하신 그리스도의 발 앞에 엎드려 "죽은 자같이"[7] 되었다고 표현했습니다. 이교 문학에서는 오비디우스 Publius Ovidius Naso 가 묘사한 아벤틴의 숲을 예로 들 수 있는데, 이 어두운 작은 숲의 묘사를 읽으면 "numen inest",[8] 즉 "이 곳에는 무언가가 출몰한다, 여기에는 초자연적 존재가 있다"라는 말이 절로 튀어나오지요. 또 베르길리우스 Publius Vergilius Maro 는 "옛 시대의 성스러움(religione)과 숲이 두려움(horrendum)을 불러일으키는"[9] 라티누스 궁전을 보여 줍니다. 아이스킬로스 Aeschylos 는 확실치는 않지만 그의 작품으로 간주되는 한 그리스어 단편에서, 땅과 바다와 산이 "그 주(主)의 두려운 눈"[10] 아래 떨고 있다고 말합니다. 그리고 그보다 훨씬 전 시대에는 선지

---

6) 〈아서 왕의 죽음 *Le Morte d'Arthur*〉, XVII, xxii.*

7) 요한계시록 1장 17절.

8) 〈달력 *Fasti*〉, III, 296.*

9) 〈아이네이스 *Aeneid*〉, XII, 172.*

10) 〈단편집 *Fragments*〉, 시즈윅(Sidgwick)판, 464.*

자 에스겔이 하나님의 이상을 보면서 목격한 "바퀴"가 "높고 무서우며"[11]라고 했고, 야곱은 잠에서 깨어나 "두렵도다, 이 곳이여!"[12]라고 말했습니다.

인류 역사상 이러한 느낌의 연원이 어디까지 거슬러 올라가는지는 알 수 없습니다. 그러나 **우리도** 그 존재를 믿었다면 똑같은 경외감을 느꼈을 만한 대상들을 초창기의 인류가 믿었다는 사실만큼은 거의 확실하며, 따라서 누미노제에 대한 경외감은 인류 그 자체의 역사만큼이나 오래되었다고 볼 수 있습니다. 그러나 우리의 주된 관심은 연대를 따지려는 데 있지 않습니다. 중요한 것은 어떤 식으로든 이런 경외감이 생겨났고, 널리 퍼졌으며, 지식과 문명의 성장에도 불구하고 지금도 여전히 인간의 마음에서 사라지지 않고 있다는 점입니다.

그런데 이런 경외감은 눈에 보이는 우주를 근거로 유추해 낸 결과가 아닙니다. 단순히 위험한 것에서 으스스한 것을 논증해 낸다는 것은 불가능한 일이며, 완전한 의미의 누미노제까지 논증해 낸다는 것은 더더욱 불가능한 일입니다. 혹시 여러분 중에 위험에 둘러싸인 채 겁에 질려 살았을 초창기 인류가 으스스한 것이나 누미노제를 창안해 낸 것은 그야말로 자연스러운 일이 아니냐고 말하는 사람이 있을지도 모르겠습니다. 물론 어떤 의미에서는 그렇게

---

11) 에스겔 1장 18절. *
12) 창세기 28장 17절. *

말할 수도 있을 것입니다. 그러나 그럴 경우에는 그 '어떤 의미' 가 무엇인지를 명확히 해야 합니다.

여러분이 그것을 자연스러운 일로 느끼는 것은, 먼 옛날의 조상들과 같은 본성을 가진 여러분들 또한 그들처럼 위험한 환경에 홀로 산다면 그와 똑같이 반응할 것이라고 생각하기 때문입니다. 이런 반응은 인간의 본성에 일치한다는 의미에서 참으로 '자연스러운' 것입니다. 그러나 이런 반응을 '위험한 것이라는 개념 속에 이미 으스스한 것이라는 개념과 누미노제의 개념이 포함되어 있다'는 뜻으로 해석하거나, '유령에 대한 공포나 누미노제에 대한 경외감이 어떤 것인지 이해하지 못하고 있던 인간이, 위험을 인식하게 되고 그에 수반되는 부상(負傷)과 죽음을 꺼리게 되면서부터 그런 개념들의 단초를 제공받을 수 있었다' 는 뜻으로 해석하는 것은 전혀 '자연스럽지' 않습니다. 물리적인 두려움이 공포감과 경외감으로 바뀌는 것은 완전히 도약적인 변화로서, 이때 인간이 깨닫게 되는 그 무언가는 위험을 인식하는 경우와는 달리 물리적인 사실에서 **제공받는 것도 아니고** 그 사실들에 근거한 논리적인 추론에서 **제공받는 것도 아닙니다.**

누미노제에 대해 설명하려고 하는 사람들은 마땅히 설명이 필요한 사항을 미리 전제해 놓고 논의를 시작하는 경우가 많습니다. 인류학자들이 죽은 사람에 대한 무서움에서 누미노제의 감정이 나왔다고 말하면서도, 왜 죽은 자들이 그런 특별한 감정을 불러일으켰느냐(죽은 자들은 인간 중에서도 가장 위험하지 않은 부류임에도 불구하고)에 대해서는 설명하지 않고 넘어가는 것처럼 말입니다. 우리는 이 모든 시도들에 맞서서, 공포감과 경외감은 두려움과 아주 다른 차원의 감정이라고 주장할 수밖에 없습니다.

공포감과 경외감은 본질적으로 인간이 우주에 대해 내리는 해석이나 우주에서 받는 인상과 관련된 감정입니다. 아름다운 대상의 물리적 특성들을 아무리 나열한다 해도 아름다움 그 자체는 거기 포함될 수 없듯이, 또 심미적인 경험을 못하는 피조물에게는 아름다움이 어떤 것이냐에 대해 희미한 암시조차 해 줄 수 없듯이, 인간이 처한 환경을 아무리 사실적으로 묘사한다 해도 으스스한 것과 누미노제는 거기 포함될 수 없을 뿐 아니라, 그런 묘사로는 으스스한 것이나 누미노제에 대한 암시조차 줄 수가 없습니다.

실제로 경외감에 대해 우리가 가질 수 있는 견해는 딱 두 가지뿐인 것 같습니다. 즉 경외감이란 그에 상응하는 객관적인 대상이 없으며 생물학적인 기능 또한 수행하지 않음에도 불구하고 시인이나 철학자나 성자들처럼 최고로 발달된 정신 속에서 사라질 기미를 보이지 않는 인간 정신의 비꼬인 부분(twist)에 불과하거나, 그것이 아니라면 진짜 초자연적인 것에 대한 직접적인 경험, 즉 '계시'라고 불러야 마땅한 경험일 것입니다.

누미노제는 도덕적 선(善)과 같은 것이 아니므로, 경외감에 사로잡힌 사람을 그대로 내버려 두면 그것을 마치 '선악을 넘어선' 대상처럼 생각하기 쉽습니다. 이 점은 우리를 종교의 두번째 성분 내지 요소로 이끌어 갑니다. 역사상 존재해 온 모든 인간은 어떤 종류의 것이든 간에 도덕을 인정합니다. 즉 일정한 행위들에 대해 "해야 한다"거나 "하지 말아야 한다"고 표현하게 되는 경험을 한다는 것입니다. 이러한 경험은 한 가지 점에서, 즉 이런 판단이 그 사람의 환경과 물리적 경험으로부터 논리적으로 추론해 낸 결과가 아니라는 점에서 경외감과 닮아 있습니다. "하고 싶다", "할 수밖에 없다", "하는 것이 낫다", "감히 못하겠다"를 아무리 뒤섞는다 해도, "해야 한다"나 "하지 말아야 한다"라고 말하게 만드는 최소한의 단서조차 끌어낼 수 없습니다.

도덕적인 경험을 무언가 다른 것으로 바꾸고자 하는 사람들은, 이번에도 역시 자신들이 설명하고자 애쓰는 바로 그 사항을 미리 전제해 놓고 논의를 시작합니다. 예컨대 어떤 유명한 정신분석가는 선사 시대의 부친 살해에서 도덕적인 경험의 유래를 찾고 있습니다. 만약 부친 살해가 죄책감을 불러일으켰다면, 그것은 인간이 그런 짓을 저지르지 말았어야만 했다고 느낀 탓입니다. 그런 느낌이 없었다면 죄책감도 생기지 않았을 것입니다. 도덕은 누미노제에 대한 경외감처럼 일종의 도약입니다. 도덕 안에서 인간은 경험적인 사실들로부터 '제공받을' 수 있는 어떤 것을 넘어섭니다.

또한 도덕에는 도저히 간과할 수 없는 두드러진 특징이 하나 있습니다. 즉 도덕은 사람에 따라 다른 모양으로 수용될 수 있지만—

그러나 흔히 주장되는 바와 달리 근본적으로는 다를 바가 없습니다 ─
그 추종자들이 지키지 못할 행동을 규정하고 있다는 점에서는 전
부 똑같습니다. 모든 인간은 남의 윤리규범이 아니라 자신의 윤리
규범에 따라 유죄선고를 받는 것이며, 그렇기 때문에 모든 인간이
죄의식을 느끼는 것입니다.

종교의 두번째 요소는 단순히 도덕법만 의식하는 것이 아니라,
자신이 그 도덕법을 인정함에도 불구하고 지키지 못하고 있다는
사실을 의식하는 것입니다. 이러한 의식은 논리적이든 비논리적이
든 경험적 사실로부터 추론해 낸 결과가 아닙니다. 즉 이런 의식은
우리가 직접 경험해서 아는 것이지, 경험적 사실들 속에서 발견해
낸 것이 아니라는 것입니다. 이것은 설명이 불가능한 망상이거나
계시, 둘 중에 하나입니다.

도덕적 경험과 누미노제 경험은 워낙 동떨어진 것들이기 때문에
상당히 오랜 기간 동안 아무 접촉 없이 존재할 수 있었습니다. 기
독교 외의 종교에는 신들에 대한 숭배와 철학자들의 윤리적 논의
사이에 거의 아무런 관련도 보이지 않는 형태가 많이 등장합니다.
인간이 이 두 가지를 동일시할 때, 즉 경외감을 불러일으키는 신령
한 힘(Numinous Power)과 의무감을 불러일으키는 도덕의 수호자
를 동일시할 때, 종교는 세번째 발달 단계로 접어듭니다.

이번에도 여러분에게는 이것이 '자연스러운' 일처럼 보일 수 있
습니다. 경외감과 죄책감을 동시에 느낀 어떤 미개인이 자신에게

경외감을 불러일으킨 힘과 자신을 정죄하는 권위를 동일시하는 것보다 더 자연스러운 일이 무엇이 있겠습니까? 이것은 인간에게 참으로 자연스러운 일입니다. 그러나 적어도 자명한 일은 아닙니다. 누미노제가 출현하는 곳인 우주가 실제로 보여주는 행동은 도덕이 우리에게 요구하는 행동과 전혀 닮지 않았습니다. 우주는 파괴적이고 무자비하고 불공평한 반면, 도덕은 그에 반대되는 특질을 우리에게 부과합니다. 이것은 욕구 충족 심리로도 설명할 수 없는 경우입니다. 두 가지를 동일시한다고 해서 그 누구의 욕구도 충족되지 않기 때문입니다. 오히려 이 두 가지를 동일시하겠다는 것은 이미 그 자체의 권위만으로도 감당하기 버거운 도덕법을 누미노제의 어마어마한 요구들로 무장시키겠다는 것이나 다름없습니다.

이러한 동일시는 종교사(宗敎史)상 인간이 감행한 도약 중에 가장 놀라운 도약임이 확실합니다. 많은 계층의 인간들이 이런 도약을 거부한 것도 무리가 아닙니다. 그리하여 비도덕적인 종교와 비종교적인 도덕이 존재하게 되었고 지금도 존재하고 있습니다. 아마 민족 단위로 결연히 새로운 걸음을 내딛은 민족은 단 하나, 유대 민족뿐일 것입니다. 그러나 개인으로서 새로운 걸음을 내딛었던 사람들은 어느 시대 어느 곳에나 있었고, 오직 그들만이 비도덕화된 숭배의 음란성 및 야만성이나 순수한 도덕주의의 차갑고 우울한 독선을 피할 수 있었습니다. 그리고 결과적으로 볼 때, 이 새 걸음은 더 건전한 방향으로 나아가는 걸음이었습니다.

논리적으로 생각하면 반드시 이런 걸음을 내딛어야 하는 것이 아님에도 불구하고, 실제로 이런 걸음을 내딛지 않기란 무척이나 어려운 일입니다. 심지어 이교와 범신론에도 계속해서 도덕이 침투되고 있으며, 스토아 학파 역시 어쩔 수 없이 하나님께 무릎을 꿇고 있습니다. 이것 역시 바보짓—인간에게 딱 어울리는 짓으로서 이상하게도 좋은 결과를 낳은 바보짓—이거나 계시거나, 둘 중에 하나일 것입니다. 만약 이것이 계시라면, 모든 민족이 아브라함 안에서 복을 받는다는 것[13]은 지극히 확실하고도 맞는 말입니다. 산꼭대기의 흑암과 뇌우 가운데 출현한 두려운 존재를 "의로우사 의로운 일을 좋아하시"는 여호와[14]와 완전하고도 분명하게 동일시한 민족이 바로 유대인들이기 때문입니다.

종교의 네번째 성분 내지 요소는 역사적 사건입니다. 한 유대인이 태어나 자신이 바로 자연에 출현했던 그 두려운 존재이자 도덕법을 부여한 존재의 아들이라고, 또는 그 존재와 '하나'라고 주장했습니다. 이것은 워낙 충격적인 주장—역설적일 뿐 아니라 기괴하기까지 해서 오히려 대수롭지 않게 넘기기 쉬운 주장—이기 때문에, 우리는 두 가지 관점 중 하나를 택할 수밖에 없습니다. 즉 그는 헛소리를 늘어놓는 혐오스럽기 짝이 없는 유형의 미치광이거나, 그것이 아니라면 과거에도 지금도 자기가 주장한 바와 일치하는 존

---

13) 창세기 12장 2절.
14) 시편 11편 7절.*

재일 것입니다. 다른 가능성은 없습니다. 기록에 근거해서 볼 때 첫번째 가설을 받아들일 수 없다면 두번째 가설을 받아들여야 합니다. 그리고 두번째 가설을 받아들인다면 그리스도인들이 주장하는 그 밖의 내용들—이 사람은 죽임을 당했지만 다시 살아났다는 것, 그의 죽음은 인간의 사고로는 이해할 수 없는 방식으로 그 '두렵고' '의로우신' 여호와와 우리의 관계에 진정하고도 유익한 변화를 일으켰다는 것—또한 믿을 만한 내용이 될 것입니다.

우리 눈에 보이는 우주가 지혜롭고 선한 창조자의 작품 같으냐, 아니면 우연과 무관심과 악의의 작품 같으냐를 묻는 것은, 종교적인 문제를 다룬다고 하면서도 사실은 그와 관련된 모든 요소들을 처음부터 제쳐놓는 태도입니다. 기독교는 우주의 기원을 놓고 철학적인 논쟁을 벌인 끝에 도달한 결론이 아닙니다. 기독교는 제가 지금까지 묘사한 바, 인간의 오랜 영적 준비에 뒤이어 일어난 격변의 역사적 사건입니다. 이것은 고통이라는 거북한 사실을 끼워 맞춰야 하는 체계가 아닙니다. 오히려 기독교 자체가 우리가 만들어 낸 어떤 체계에든 끼워 맞춰야 하는 거북한 사실들 가운데 하나입니다. 이런 의미에서 기독교는 고통의 문제를 푸는 것이 아니라 오히려 만들어 낸다고 할 수 있습니다. 즉 실제로는 날마다 고통스러운 세상을 경험하고 있음에도 불구하고 '궁극적인 실재는 우리를 사랑하시는 의로운 존재'라는 믿을 만한 보증을 받았다고 생각하는 그 사람들에게 고통이 문제 되는 것입니다.

왜 이 보증이 저에게 믿을 만해 보이는지에 관해서는 어느 정도 이야기했다고 생각합니다. 이것을 논리적인 강제사항으로까지 볼 수는 없습니다. 즉 인간은 종교의 어떤 발달 단계에서든지 반발할 수 있으며, 이런 반발을 가리켜 본성을 거스르는 일이라고 말할 수는 있어도 부조리한 일이라고 말할 수는 없습니다. 위대한 시인과 철학자의 절반에 해당하는 사람들과 자기 자신의 어린 시절, 그리고 억제되지 않은 경험의 풍성함이나 심원함과 결별할 준비가 되어 있기만 하다면, 인간은 얼마든지 누미노제에 대해 영적인 눈을 감아 버릴 수 있습니다. 인간은 도덕법을 망상으로 치부함으로써 인류의 공동 기반에서 떨어져 나갈 수 있습니다. 또한 누미노제를 의(義)와 동일시하기를 거부함으로써 성(性)이나 죽은 자나 생명력이나 미래를 숭배하는 미개인으로 남을 수도 있습니다. 그러나 그 대가는 막중합니다.

이 보증은 모든 것의 마지막 단계인 역사적 성육신 사건에 이르러 가장 확실해집니다. 이 성육신 이야기는 초창기부터 종교에 등장했던 여러 신화들과 이상하리만큼 비슷하면서도 차이점을 보여 주고 있습니다. 성육신은 이성의 눈으로 볼 때에는 썩 명쾌하지 못한 이야기로서, 인간 스스로는 꾸며 낼 리가 없는 이야기입니다. 이 이야기에는 범신론이나 뉴튼 물리학에 나타나는 바, 수상쩍은 **선험적** 명료함이 없습니다. 오히려 성육신 이야기는 일견 자의적이고 독단적으로 보이지요. 그런데 현대 과학은 이 임의적인 우주—에너지는 아무도 가늠할 수 없는 질량의 작은 꾸러미들로 이루어져 있으며 속도는 무제한적이지 않은 우주, 비가역적 엔트로피가 시간에 실제 방향을 부여함으로써 더 이상 정적이지도 순환적이지도 않은 세계가 마치 한 편의 드라마처럼 진짜 출발점으로 부터 종착점을 향해 나아가는 우주—에서 이제는 그러한 자의성과 독단성을 받아들여야 할 것을 조금씩 가르치고 있는 중입니다. 만약 실재의 핵심으로부터 어떤 메시지가 주어진다면, 우리는 그 메시지에서 기독교 신앙에 나타나는 바로 그 의외성, 그 임의적이고 극적인 굴곡을 발견하게 될 것입니다. 거기에는 대가(大家)의 손길—우리가 만들어 낸 것이 아니라 그야말로 우리를 위해 만들어진 실재, 그러나 우리를 정면에서 강타하는 실재의 거칠고 남성적인 멋—이 있습니다.

이러한 근거에서, 또는 이보다 더 나은 근거를 바탕으로 인류가 인도되어 온 과정을 좇아 그리스도인이 될 때, 그때 비로소 우리는 고통의 '문제'에 부딪히는 것입니다.

제2장 하나님의 전능

모순을 내포하고 있는 것은 하나님의 전능이라는 영역에 속하
지 못한다.

토마스 아퀴나스 Thomas Aquinas,
〈신학대전 *Summa Theologiae*〉, Iª Q XXV, Art. 4

"하나님이 선하다면 자신이 만든 피조물들에게 완벽한 행복을 주고 싶어할 것이며, 하나님이 전능하다면 그 소원대로 할 수 있을 것이다. 그런데 지금 피조물들은 행복하지 않다. 그러므로 하나님은 선하지 않은 존재이거나 능력이 없는 존재, 또는 선하지도 않고 능력도 없는 존재일 것이다." 이것은 고통의 문제를 가장 단순하게 표현한 말입니다. 여기에 대답할 수 있으려면 '선하다', '전능하다', '행복하다'는 말에 여러 가지 뜻이 있다는 사실부터 밝혀 내야 합니다. 널리 알려진 뜻이 곧 가장 좋은 뜻이거나 유일한 뜻이라면, 이 논증에 아무 대답도 할 수 없을 것이 분명합니다. 그래서 저는 이 장에서는 '전능'의 개념에 대해, 그리고 다음 장에서는 '선함'의 개념에 대해 몇 가지 이야기를 하려고 합니다.

전능(Omnipotence)이란 '모든 것을 할 수 있는 능력'이라는 뜻입니다.[15] 성경은 "하나님께는 불가능한 일이 없다"고 말합니다. 믿지 않는 사람과 논쟁하다 보면 "하나님이 존재하며 그가 선한 분이라면 왜 이러저러한 일들을 하시지 않느냐"는 말을 흔히 듣게 됩니다. 그래서 그런 식의 일들은 하나님이 하실 수 없다고 말하면, 즉시 "하나님은 못하시는 일이 없는 줄 알았는데"라는 응수가 돌아오지요. 여기에서 '불가능성'의 문제가 대두됩니다.

일상적으로 **불가능하다**(impossible)라는 말에는 대개 '……**하지 않는다면**'(unless)이라는 구절이 숨어 있습니다. 지금 제가 글을 쓰고 있는 이 방에서는 바깥에 있는 거리를 보는 것이 불가능합니다. 즉 제가 시야를 가리는 저 건물 너머를 볼 수 있을 정도로 높은 이 집 맨 위층으로 **올라가지 않는다면** 거리를 보는 것이 불가능하다는 뜻입니다. 그런데 만약 제 다리가 부러졌다면 "하지만 위층으로 올라가는 건 불가능한걸"이라고 말할 것입니다. 여기에는 '누군가 나를 안고 올라가 줄 사람이 **나타나지 않는다면**'이라는 뜻이 숨어 있습니다.

자, 이제 "어쨌든 내가 지금 이 자리에 **그대로 있고** 시야를 가로막는 건물들도 **그대로 있는 한**, 바깥 거리를 보는 것은 불가능하다"라는 말에 나타나는 바, 불가능성의 또 다른 차원으로 나아가 봅시다. 어떤 사람은 여기에 "공간이나 시야의 본질이 지금과 **달라**

---

15) 라틴어의 원래 의미는 '모든 것 **위에** 미치는 능력, 또는 모든 것 **안에** 역사하는 능력'이었을 수도 있습니다. 저는 현대에 통용되는 의미로 사용했습니다. *

지지 않는다면"이라는 말을 덧붙일지도 모르겠습니다. 일류 철학자들과 과학자들은 뭐라고 이야기할는지 모르겠지만, 저로서는 이 말에 대해 "공간과 시야의 본질이 당신이 말하는 식으로 달라진다는 것이 **가능한지** 모르겠군요"라고 대답할 수밖에 없습니다. 여기에서 **가능한지**라는 것은 분명히 우리가 앞서 살펴본 것처럼 상대적인 가능성 및 불가능성을 가리키는 말이 아니라, 어느 정도 절대적인 가능성이나 불가능성을 가리키는 말입니다.

이 새로운 의미에서 볼 때 '지금 이 자리에 앉은 채 시야를 가리는 저 건물을 우회하여 그 앞에 있는 거리를 본다는 것이 가능하냐 불가능하냐'에 대해 저는 말할 수가 없습니다. 이 말에 자기 모순이 있는지 없는지 모르기 때문입니다. 그러나 만약 이 말에 자기 모순이 있다면, 이 자리에서 거리를 보는 것은 절대 불가능할 것입니다. 절대적 불가능성은 외부의 다른 불가능한 것들—그것들은 그것들대로 또 다른 불가능한 것들에 원인을 두고 있습니다—에 원인이 있는 것이 아니라 그 자체 안에 원인이 있다는 점에서 내재적 불가능성이라고도 부를 수 있습니다. 이 경우에는 '……**하지 않는다면**'이라는 구절이 첨부되지 않습니다. 이것은 어떤 조건, 어떤 세계, 어떤 행위자에게도 불가능한 일이기 때문입니다.

'어떤 행위자' 안에는 하나님도 포함됩니다. 하나님이 전능하시다는 것은 내재적으로 가능한 일이라면 무엇이든 하실 수 있는 능력이 있다는 뜻이지, 내재적으로 불가능한 일도 하실 수 있다는 뜻은 아닙니다. 하나님은 기적을 행하시는 분이지 말이 안 되는 일을 하시는 분이 아닙니다. 이것은 그의 능력에 한계가 있다는 뜻이 아닙니다. 가령 "하나님은 한 피조물에게 자유의지를 주시는 동시에 안 주실 수 있다"(God can give a creature free-will and at the same time withhold free-will from it)는 말은 하나님에 관해 어떤 내용도 전달해 주지 못합니다. 단어들을 무의미하게 조합해 놓고 그 앞에 'God can'이라는 말을 붙인다고 해서 없던 의미가 갑자기 생겨나는 것은 아닙니다. 물론 하나님께 모든 **것**이 가능하다는 말은 사실입니다. 그러나 내재적으로 불가능한 것은 '것'(things)이 아니라 '헛것'(nonentities)입니다. 상호 모순되는 일은 하나님이 만드신 가장 약한 피조물도 할 수 없을 뿐 아니라 하나님도 하실 수 없습니다. 하나님의 능력이 장애물을 넘지 못하기 때문이 아닙니다. 우리가 보기에 말도 안 되는 일은 하나님께도 똑같이 말도 안 되는 일이기 때문입니다.

그러나 이성적인 사람들도 잘못된 데이터나 부주의한 논증으로 인해 종종 실수한다는 사실을 명심해야 합니다. 우리는 실제로는 불가능한 일을 가능한 일로 생각할 수도 있고, 가능한 일을 불가능한 일로 생각할 수도 있습니다.[16] 따라서 우리는 하나님의 전능으로도 할 수 없는, 내재적으로 불가능한 일들을 규정할 때 상당한

---

16) 일례로, 속임수를 능숙하게 쓰는 마술사는 관중들의 데이터와 추론 능력에 의거할 때 모순되어 보이는 장면을 연출해 냅니다.*

주의를 기울여야 합니다. 지금부터 제가 하는 이야기를 '확실히 그렇다'는 단정이 아니라 '그럴 수도 있다'는 하나의 예로 들어 주시기 바랍니다.

인간의 고통이나 공과(功過)에 아랑곳하지 않으며 기도로도 바뀌지 않는 저 가차없는 '자연법칙'은 일견 하나님의 능력과 선함에 강력한 반증을 제공하는 것처럼 보입니다. 그러나 제가 이제부터 말하고자 하는 것은, 하나님이 아무리 전능하시다고 해도 상대적으로 독립적이며 '가차없는' 자연을 창조하지 않고서는 자유의지를 가진 영혼들의 사회를 창조하실 수 없다는 점입니다.

자의식, 즉 피조물의 자아 인식은 자아가 아닌 어떤 것, 즉 타자와의 대조를 전제로 생겨납니다. '나 자신'은 환경, 특히 다른 자아들로 이루어진 사회적 환경에 비추어 볼 때 비로소 드러나는 법입니다. 우리가 단순한 유신론자였다면 하나님의 자의식을 이해하는 데 어려움을 겪었을 것입니다. 그러나 우리 그리스도인들은 성 삼위일체 교리를 통해 하나님의 존재 안에 '사회' 비슷한 무언가가 영원 전부터 있었다는 사실— '하나님은 사랑'이라는 것은 플라톤적인 사랑의 형상(Platonic form of love)이시라는 뜻일 뿐 아니라, 온 세상이 생기기 전에 이미 구체적인 사랑의 상호관계가 그분 안에 있었고 그 관계로부터 피조물들이 생겨났다는 뜻이라는 사실—을 알고 있습니다.

또한 피조물의 자유란 선택의 자유인데, 선택할 수 있으려면 선택의 대상들이 존재해야 합니다. 피조물에게 환경이 없다면 선택의 여지 또한 없어질 것입니다. 따라서 자유도 자의식처럼(자유와 자의식이 같은 것이 아니라면) 자신의 자아 외에 다른 자아의 존재를 필요로 합니다.

이처럼 자의식과 자유를 가능케 하는 최소한의 조건은 피조물이 하나님을 이해하며, 그 결과 스스로 하나님과 구별되는 존재임을 깨닫는 것입니다. 하나님과 자기 자신은 인식하지만 동료 피조물들은 인식하지 못하는 이들도 있을 수 있습니다. 그들에게는 단 하나의 적나라한 선택—자아보다 하나님을 더 사랑할 것인가, 하나님보다 자아를 더 사랑할 것인가—을 할 자유밖에 없습니다. 그러나 우리는 그렇게 본질적인 문제만 생각하면서 살 수 있는 삶이 있다고는 생각지 않습니다. 우리는 동료 피조물들과 서로의 지식을 나누고자 하는 즉시, '자연'의 필연성에 부닥치게 됩니다.

사람들은 순전히 정신 대 정신으로 '만나거나' 서로를 아는 것보다 쉬운 일은 없다는 식의 말들을 흔히 합니다. 그러나 저는 '외부세계' 내지는 환경을 형성해 주는 공통의 매개체가 없다면 그런 일이 일어날 수 없다고 생각합니다. 두 영혼이 육체 없이 만난다는 생각을 하는 순간, 적어도 공동의 공간과 공동의 시간이라는 개념, 즉 **공존**(共存)의 '공'(共)이라는 말에 의미를 부여해 주는 개념이 개입됩니다. 그런데 그 공간과 시간은 이미 하나의 환경을 형성합니다.

필요한 것은 환경만이 아닙니다. 여러분의 생각과 감정이 남의 것이며 외부의 것이라는 표시 하나 없이 마치 제 생각과 감정인 양 직접 제게 다가온다면, 여러분 것과 제 것을 어떻게 구별할 수 있겠습니까? 또 우리가 생각하고 느낄 대상이 없다면 어떤 생각과 감정을 가질 수 있겠습니까? 아니, 제가 '외부세계'를 경험하지 않았다면 어떻게 '외부'와 '타자'라는 개념을 가질 수 있었겠습니까?

그리스도인들 가운데 하나님은(사탄도) 실제로 '외부의 존재'라는 신호 없이 우리의 의식에 직접적인 방식으로 영향을 끼치고 있지 않느냐고 대꾸하는 사람이 있을 수 있습니다. 그렇습니다. 바로 그렇기 때문에 대부분의 사람들이 하나님과 사탄에 대해 그토록 무지한 것입니다. 인간의 영혼들도 그처럼 직접적이고 비물질적인 방식으로 영향을 주고받는다면, 그야말로 희귀한 신앙과 통찰력의 승리가 아니고서는 다른 인간의 존재를 믿을 수 없게 될 것입니다. 그런 상태에서 제가 이웃을 안다는 것은 지금 하나님을 아는 것보다 더 어려운 일이 되겠지요. 왜냐하면 지금 저는 교회의 전통과 성령, 믿는 친구들과의 대화 같은 외부세계의 도움 덕분에 하나님의 영향력을 인식하고 있기 때문입니다.

인간 사회가 존재하려면 바로 지금 우리가 가지고 있는 이것, 너도 아니고 나도 아닌 중립적인 어떤 것, 너와 내가 서로에게 신호를 보내기 위해 조종할 수 있는 어떤 것이 필요합니다. 제가 여러분에게 말할 수 있는 것은, 우리가 공유하고 있는 공기에 음파를 일으킬 수 있기 때문입니다. 물질은 영혼들을 나누어 놓기도 하지만 한데 모아 주기도 합니다. 물질 때문에 우리 각자는 '내부' 뿐 아니라 '외부'를 가질 수 있으며, 그 결과 여러분의 내적인 생각과 의지에서 나온 행동이 저에게는 그저 눈앞을 스치고 지나가는 시끄러운 일로 보일 수 있는 것입니다. 여러분은 이러저러한 모습으로 **존재할**(be) 수 있을 뿐 아니라 이러저러한 모습으로 **보일**(appear) 수 있으며, 그렇기 때문에 저는 여러분을 알아가는 즐거움을 누릴 수 있습니다.

이처럼 사회는 사회의 구성원들이 서로 만나는 공동의 장(場) 내지는 '세상'을 내포하고 있습니다. 그리스도인들이 보통 믿는 바대로 천사들의 사회가 있다면, 거기에도 분명히 그러한 세계 내지는 장이 있을 것입니다. 물질(스콜라 철학적인 의미가 아니라 현대적인 의미의 물질)이 우리에게 해 주는 역할과 같은 역할을 하는 무언가가 있으리라는 것입니다.

그러나 물질이 중립적인 장의 역할을 하려면 그 본질에 변함이 없어야 합니다. '세상' 내지는 물질체계 안에 살고 있는 존재가 단 하나뿐이라면, 매 순간 그 존재의 요구만 들어줄 수도—"그를 위해 나무들이 몰려와 그늘을 드리워" 줄 수도—있을 것입니다. 그러나 만약 저 한 사람의 변덕에 따라 왔다갔다하는 세상에 여러분이 들어와 살게 된다면 어떤 행동도 할 수 없을 것이며, 따라서 여러분의 자유의지를 행사할 수 없게 될 것입니다. 또한 그런 세상에서 여러분이 자신의 존재를 저에게 알릴 수 있을 것인가도 분명치 않습니다. 저에게 신호를 보낼 수 있는 물질이 전부 저의 지배 아래 있는 탓에, 여러분이 그 물질을 조종할 수 없기 때문입니다.

그러나 물질이 변함없는 성질을 가지고 있고 일관된 법칙을 따르고 있다면, 물질의 모든 상태가 한 영혼의 요구에만 한결같이 잘 들어맞는다거나 그 영혼이 몸이라고 부르는 특정 물질의 집합체에만 한결같이 유리하게 작용하는 일은 일어날 수 없습니다. 불은 어느 정도 거리를 두면 몸을 편안하게 해 주지만, 가까이 가면 몸을 해칩니다. 따라서 설령 완벽한 세상에서 산다 해도, 고통을 감지하는 신경섬유들이 전달하게 되어 있는 위험 신호는 여전히 우리에게 필요합니다.

이것은 어떤 세상에서도 악의 요소(고통이라는 형태를 가진)를 피할 수 없다는 뜻일까요? 저는 그렇지 않다고 생각합니다. 죄는 아무리 가벼운 것이라도 측량할 수 없는 악인 것이 분명한 반면, 고통이라는 악은 정도에 따라 좌우되는 것으로서 일정 수준을 넘지 않을 때에는 두려움이나 분노를 일으키지 않기 때문입니다. 불을 쬘 때 얼마나 거리를 두어야 하는지 알려 주는 과정, 즉 '따뜻하다—기분 좋을 만큼 뜨겁다—너무 뜨겁다—화끈화끈하다'로 이어지는 과정에 불만을 느끼는 사람은 없습니다. 그리고 제 감각이 잘못되지 않았다면, 화창한 날 산책하고 나서 잠자리에 들 때 다리에 느껴지는 가벼운 통증은 사실 유쾌하기까지 합니다.

이처럼 물질의 성질이 변하지 않기 때문에 언제 어떤 상태에서든 한 영혼에게 한결같은 만족을 주는 것이 불가능하다면, 어느 때건 우주의 물질이 한 사회의 모든 구성원들에게 한결같이 편리하고 만족스럽게 분배된다는 것은 더더욱 불가능한 일일 것입니다. 이쪽 사람에게 내리막길은 저쪽 사람에게는 오르막길입니다. 조약돌이 지금 제가 바라는 위치에 있다면, 우연이라면 모를까, 여러분도 같은 위치에 돌이 있기를 바랄 리는 없습니다.

이것은 악과는 거리가 먼 문제입니다. 오히려 이런 상황은 상대방을 존중하며 호의적이고 이타적으로 행동함으로써 사랑과 좋은 마음과 겸손함을 나타낼 기회를 제공해 줍니다. 물론 경쟁과 적대감이라는 큰 악으로 나아갈 여지가 있는 것도 사실입니다. 자유의지를 가진 영혼들이 호의 대신 경쟁으로 문제를 해결하려 들 수도 있기 때문입니다. 실제로 적대적이 되는 쪽을 택한 사람들은 물질의 변함없는 본질을 이용하여 서로에게 상처를 입힙니다. 우리는 나무의 항구적인 성질을 사용해서 대들보를 만들 수도 있지만, 이웃의 머리를 내리칠 무기를 만들 수도 있습니다. 물질에 항구적인 성질이 있다는 것은, 인간들이 싸울 때 명분은 없어도 무기와 기술과 숫자가 우세한 쪽이 대개 이기게 되어 있다는 뜻입니다.

피조물들이 자유의지를 잘못 사용할 때마다 매번 하나님이 개입해서 바로잡아 주는 세상을 그려 볼 수도 있겠지요. 나무 막대기를 무기로 쓰려고 집어드는 순간 풀잎처럼 부드러워지고, 거짓말이나 욕을 담은 음파를 일으키려 하는 순간 공기가 그것을 거부하는 세상 말입니다. 그러나 잘못이라는 것을 저지를 수 없는 그런 세상에서 의지를 자유롭게 행사한다는 것은 그야말로 빈말이 될 것입니다. 아니, 이 원리의 논리적인 결말을 따라가 보면 악한 생각을 한다는 것 자체가 아예 불가능하다는 사실을 알게 됩니다. 우리가 악한 생각을 하려고 할 때마다 대뇌 물질이 그런 일에 사용되기를 거부할 테니까요. 따라서 악한 사람 주변에 있는 물질이란 물질은 전부 예측할 수 없을 정도로 자주 바뀔 것입니다.

하나님이 경우에 따라 물질의 움직임을 수정하실 수 있을 뿐 아니라 실제로 수정하기도 하시며 우리가 기적이라고 부르는 일들을 행하기도 하신다는 것은 기독교 신앙의 일부를 이루고 있는 믿음입니다. 그러나 일상적인 세상, 따라서 안정적인 세상에서는 이런 예외적인 일이 극히 드물게 일어날 수밖에 없습니다. 체스게임을 할 때 자기 재량으로 상대방에게 양보해 줄 때가 있는데, 그것은 마치 기적이 자연법칙에 대립되는 것처럼 평상시 게임 규칙에 대립되는 행동입니다. 여러분은 성장(城將) 하나를 떼어 주거나, 상대방이 잘못 둔 수를 물러 줄 수 있습니다. 그러나 번번이 상대방의 형편에 맞추어 준다면—언제든지 수를 물릴 수 있게 해 주고, 상대방에게 불리할 때마다 자기 말을 치워 준다면—게임 자체가 불가능해질 것입니다. 세상에 살고 있는 영혼들의 삶도 마찬가지입니다. 불변하는 법칙과 인과적 필연성에 따른 결과 및 전체 자연질서는 일상의 삶을 제한하는 한계인 동시에 그러한 삶을 가능케 해 주는 유일한 조건이기도 합니다. 따라서 자연질서 및 자유의지와 맞물려 있는 고통을 배제한다는 것은 삶 그 자체를 배제하는 것과 같습니다.

이미 말했듯이, 세상에 내재하는 필연성들과 관련된 이 이야기는 '그럴 수도 있는' 하나의 예에 불과합니다. 그 실제 모습을 알 수 있는 데이터와 지혜를 가진 이는 오직 전능한 자 한 분뿐일 것입니다. 그러나 실제 상황이 제 이야기보다 **덜** 복잡할 것 같지는 않습니다. 물론 여기서 '복잡하다'는 것은 우리 인간이 이해하기에 그렇다는 것입니다. 우리는 하나님이 우리처럼 결론(자유의지를 가진 영혼들이 공존하고 있다는 결론)으로부터 그에 관련된 조건들을 논증해 내시는 것이 아니라, 단 한 번의 아주 일관성 있는 창조 행위를 통해 처음에는 각기 독립적인 개체로 보이지만 가만히 보면 상호 필수적인 사물들을 만들어 내셨다는 점을 고려해야 합니다. 우리는 대략 설명된 바 상호 필수성이라는 개념을 조금 넘어설 수도 있습니다. 즉 물질이라는 것을 '복수'(複數)라는 하나의 개념 아래 각 영혼을 연대시키는 물질과 분리시키는 물질로 나누어 볼 수 있다는 것입니다. '분리'와 '연대'는 '복수'를 구성하는 두 측면에 불과합니다.

이처럼 생각을 진전시키면 진전시킬수록 창조 행위의 통일성이 점점 더 선명해지며, 피조세계의 이러저러한 요소들을 떼어내서

어설프게 땜질하는 것이 불가능하다는 사실 또한 점점 더 분명해집니다. 아마 지금 이 우주는 '있을 수 있는 모든 우주들 중에 가장 좋은 우주'가 아니라 있을 수 있는 단 하나의 우주일 것입니다. '있을 수 있는 세상들'이라는 것은 '하나님이 만드실 수도 있었지만 만들지 않은 세상들'이라는 뜻입니다. 그런데 하나님이 이런저런 세상들을 '만드실 수도 있었다'고 보는 것은 하나님의 자유를 너무 의인화시킨 사고입니다. 인간의 자유가 무엇을 의미하든 간에, 하나님의 자유는 여러 대안 사이에서 마음을 정하지 못하고 있다가 그 중 하나를 고른다는 의미가 될 수 없습니다. 완전한 선은 추구할 목적을 결정하기 위해 숙고할 필요가 없으며, 완전한 지혜는 그 목적을 성취하는 데 가장 알맞는 수단을 결정하기 위해 숙고할 필요가 없습니다. 하나님이 자유로우시다는 것은 그분 자신 외에는 어느 누구도 어떤 행동을 하시게 만들 수 없고 어떤 외적인 장애물도 어떤 행동을 못하시게 막을 수 없다는 것, 하나님의 모든 행동은 바로 그 자신의 선함을 뿌리 삼아 자라며 그 자신의 전능을 대기(大氣) 삼아 꽃핀다는 것입니다.

이 점은 우리를 다음 주제인 하나님의 선함으로 이끌어갑니다. 저는 지금까지 하나님의 선함에 대해서는 아무 언급도 하지 않았고, "처음부터 우주에 고통의 가능성이 내포되어 있었다면, 절대선은 그런 우주를 창조하지 않았어야 하지 않느냐"는 반대의견에 답변할 생각도 하지 않았습니다. 독자들에게 미리 말해 두지만, 저는 창조하는 편이 창조하지 않는 편보다 낫다는 점을 입증해 보일 생각은 전혀 없습니다. 제가 알기에 인간에게는 그런 엄청난 질문의 무게를 감당할 만한 저울이 없습니다. 존재의 어떤 상태를 다른 상태와 비교하는 일이야 가능하겠지만, 존재와 존재 아닌 것을 비교한다는 것은 결국 무성한 말잔치로 끝나게 마련입니다. "나는 이 세상에 존재하지 않는 편이 더 나아"라고 말하는 사람이 있는데, 그렇다면 무슨 뜻에서 "나는"이라는 말을 쓰는 것입니까? 만약 내가 존재하지 않는다면, "존재하지 않는 편"이 나에게 무슨 유익이 되겠습니까? 우리는 그렇게 엄청난 문제는 다루지 않을 생각입니다. 다만 우리가 살펴보려는 것은, 한편으로는 세상의 고통을 인식하면서도 다른 한편으로는 그와 아주 다른 근거에서 하나님의 선함을 확신하는 우리가 어떻게 그 선과 고통을 모순되지 않게 이해할 수 있느냐 하는 점입니다.

제3장 하나님의 선함

사랑은 오래 참을 수 있으며 사랑은 용서할 수 있다. ……그러나
사랑은 사랑스럽지 않은 대상과 결코 화해할 수 없다. ……그러
므로 그는 당신의 죄와 결코 화해하실 수 없다. 죄 자체는 바뀔
수 없기 때문이다. 그러나 당신과는 화해하실 수 있다. 당신은
회복될 수 있기 때문이다.

토마스 트러헌 Thomas Traherne,
〈명상의 시대 Centuries of Meditation〉, II, 30

하나님의 선함에 대해 생각하는 사람은 곧바로 다음과 같은 딜레마에 빠지게 됩니다.

　　한편으로, 하나님이 우리보다 지혜로운 분이라면 많은 문제에서 우리와 다른 판단을 내리실 것이며 선악의 문제에서는 더더욱 다른 판단을 내리실 것입니다. 따라서 우리에게는 선하게 보이는 일이 그의 눈에는 선하지 않게 보일 수도 있고, 우리에게 악하게 보이는 일이 그의 눈에는 악하지 않게 보일 수도 있습니다.

　　다른 한편으로, 하나님의 도덕적 판단이 우리의 판단과 판이하게 달라서 우리에게는 '검은 것'이 그에게는 '흰 것'이 될 정도라면 그를 선하다고 하는 것은 무의미해질 수밖에 없습니다. 하나님의 선함은 우리의 선함과 전적으로 다르다고 주장하면서 동시에 "하나님은 선한 분이다"라고 말하는 것은 사실상 "나는 하나님이 어떤 분이신지 모른다"고 말하는 것이나 같기 때문입니다. 이처럼 하나님 안에 전혀 알 수 없는 특질이 있다면, 우리는 그 특질을 도덕적 근거로 삼아 그를 사랑하거나 그에게 순종할 수 없습니다. 만약 그가 선하지 않다면(우리가 알고 있는 의미에서 선하지 않다면), 혹시 그에게 순종한다 하더라도 그것은 무서워서 순종하는 것—전능한 악마가 있다면 그에게도 똑같이 이런 마음으로 순종하려 들겠지요—에 불과합니다. 전적 타락의 교리는—만약 이 교리에서 '우리는 전적으로 타락했으므로 우리가 무엇을 선이라고 생각하든 아무 가치가 없다'는 결론을 끌어낼 경우—기독교를 일종의 악마 숭배 종교로 바꾸어 놓을 수 있습니다.

이 딜레마에서 벗어나려면, 도덕 기준이 낮은 사람이 자신보다 현명하며 도덕 기준도 더 높은 사회에 편입되어 그들의 기준을 점차 받아들이는 과정에서 어떤 일이 일어나는지 관찰할 필요가 있습니다. 마침 저는 그 과정을 직접 겪은 사람이기 때문에, 상당히 정확한 묘사를 할 수 있습니다. 대학교에 갓 입학했을 당시 저는 또래 중에서도 특히 더 도덕의식이 없는 학생이었습니다. 기껏해야 잔인함과 인색함에 대한 혐오감만 어렴풋이 가지고 있었을 뿐, 순결이나 신의나 자기 희생 같은 것은 마치 원숭이가 고전음악 대하듯 관심 없이 대했습니다. 그러다가 하나님의 은혜로 몇몇 친구들을 알게 되었는데(그 중에는 그리스도인이 한 명도 없었습니다), 그들은 지성과 상상력의 측면에서는 저와 아주 비슷해서 즉시 친해질 수 있었지만, 도덕법을 알고 있으며 그것을 지키려고 애쓴다는 점에서는 저와 차이가 있었습니다. 선악에 대한 그들의 판단은 저의 판단과 아주 달랐습니다.

그런 경우에도 최소한 지금까지 자기가 검다고 생각하던 것을 '흰 것'으로 바꿀 것을 요구받는 일 같은 것은 일어나지 않습니다. 새로운 도덕적 판단은 이전에 가지고 있었던 판단의 파기(破棄)로 다가오는 것이 아니라(실제로는 과거의 판단 기준이 뒤집힌다 해도) '오리라 기대되었던 주인'처럼 다가옵니다. 그럴 때 자신이 혹시 잘못된 방향으로 나아가고 있는 것은 아닌가 하는 의심은 생기지 않을 것입니다. 이 새로운 판단은 이전에 여러분이 가지고 있었던 작은 선(善)의 파편에 비해 더 선에 가까움에도 불구하고, 어떤 의미에서는 그 파편들과 연결되어 있는 탓입니다. 그런데 가장 큰 시험거리는 그렇게 새 기준을 인정할 때 수치심과 죄책감이 따른다는 데 있습니다. 즉 자신과 어울리지 않는 사회에 실수로 들어서 버린 게 아닌가 하는 생각이 드는 것이 문제입니다.

우리는 이런 경험에 비추어 하나님의 선함을 생각해야 합니다. '선함'(goodness)에 대한 하나님의 개념은 우리의 개념과 확실히 다릅니다. 그렇다고 해서 그에게 가까이 다가갈수록 자신의 도덕 기준들을 단순히 파기하라는 요구를 받을까 봐 두려워할 필요는 없습니다. 하나님의 윤리와 여러분의 윤리 사이에 상대적인 차이가 나타날 때 요구되는 변화는, 여러분 자신이 '더 낫다'고 생각하는 방향의 변화임이 틀림없기 때문입니다. 하나님의 '선함'은 우리의 선함과 다르지만, 완전히 다르지는 않습니다. 이 두 가지는 흰색과 검은 색처럼 다른 것이 아니라, 완벽한 원과 아이가 처음 그린 바퀴 그림이 다른 것처럼 다릅니다. 제대로 원 그리는 법을 배우고 난 아이는 자기가 처음부터 그리려 했던 것이 바로 그런 원이었다는 사실을 알게 될 것입니다.

성경은 이 교리를 전제하고 있습니다. 그리스도는 사람들을 회개로 부르셨습니다. 사람들이 이미 알고 있으면서도 실천하지 못하고 있는 기준과 하나님의 기준이 완전히 다르다면, 이렇게 회개로 부르실 이유가 없었을 것입니다. 그는 우리가 이미 가지고 있는 도덕적 판단에 호소하십니다. "또 어찌하여 옳은 것을 스스로 판단치 아니하느냐?"[17] 하나님은 구약성경에서 감사와 정절과 공정한 처신에 대해 사람들이 이미 가지고 있는 생각에 기초하여 그들을 꾸짖으시며, 이를테면 그 자신이 직접 피조물들의 법정에 나선 듯한 표현을 하십니다. "너희 열조가 내게서 무슨 불의함을 보았관대 나를 멀리하고 허탄한 것을 따라 헛되이 행하였느냐?"[18]

이런 사실들을 미리 살펴보았으니, 이제 하나님의 선함에 대한 몇 가지 개념, 노골적으로 표현되는 경우는 적지만 비판은 면할 길이 없는 몇 가지 개념에 대해 말해도 될 것 같습니다.

---

17) 누가복음 12장 57절. *
18) 예레미야 2장 5절. *

오늘날 하나님의 선함은 거의 예외 없이 사랑이 많다는 뜻으로 이해되고 있습니다. 여기까지는 맞는 말일 수 있습니다. 문제는 우리 대부분이 이 문맥의 사랑을 친절(kindness)—다른 사람이 자기보다 행복하기를 바라는 마음, 어떤 식으로든 행복하기만을 바라는 마음—로 이해한다는 데 있습니다. 실제로 우리 마음에 드는 하나님이란 우리가 무슨 짓을 하든 간에 "너만 만족을 느낀다면 무슨 문제가 되겠느냐?"고 말해 주는 하나님일 것입니다. 사실 우리는 그 하늘에 계신 아버지(Father in Heaven)가 아니라 그냥 하늘에 계신 할아버지(grandfather in heaven)—흔히 말하듯이 "젊은이들이 즐기는 모습을 보기 좋아하는" 할아버지, 세상에 대한 계획이라고 해 봤자 하루가 끝날 때마다 "오늘도 모두 즐겁게 보냈지"라고 말할 수 있게 만드는 것이 전부인 연로하고 인자한 할아버지—를 원합니다. 물론 자신의 신학을 이런 용어로 정확히 표현하는 사람은 많지 않습니다. 그러나 이와 별 차이 없는 개념을 은연중에 품고 있는 이들은 많이 있습니다. 저도 예외라고 할 수 없습니다. 저 또한 그런 방침에 따라 운영되는 우주에 살고 싶은 마음이 굴뚝같습니다. 그러나 제가 지금 그런 세상에 살고 있지 않다는 것이 너무나 명확하고, 그럼에도 불구하고 저에게는 '하나님은 사랑'이라고 믿을 만한 이유가 있으므로, 결국은 사랑에 대한 저의 개념을 수정해야 한다는 결론을 내릴 수밖에 없습니다.

저는 하물며 시인들을 통해서도 사랑은 단순한 친절보다 더 단

호하며 탁월한 것이라는 점, 단테Alighieri Dante의 작품에 나오듯이 이성간의 사랑조차 "무시무시한 용모의 군주"라는 점을 배울 수 있었습니다. 사랑 안에 친절이 있습니다. 그러나 사랑과 친절이 동일선상에 있는 것은 아니며, 사랑의 다른 요소들과 분리된 친절(앞서 말한 의미의 친절)은 그 대상에게 근본적인 관심을 갖지 않는 것은 물론이고 그 대상을 경멸하는 사태까지 초래할 수 있습니다. 친절은 그 대상을 제거하는 일에도 서슴없이 동의합니다. 우리는 동물에게 친절한 마음을 가지고 있기 때문에 고통을 면하게 해 주려는 목적으로 동물을 죽이는 사람들을 알고 있습니다. 이처럼 단순한 친절은 고통을 면하게 해 줄 수만 있다면 그 대상이 선해지든 악해지든 상관하지 않습니다. 성경이 지적하듯이, 응석만 부리면서 자라는 자식은 서자입니다. 가문의 전통을 이어갈 적자는 징계를 받습니다.[19] 우리는 별 관심 없는 사람들에 대해서는 그들이 무조건 행복하기만을 바랍니다. 그러나 우리의 친구와 연인과 자녀들에 대해서는 엄격한 태도를 보이며, 그들이 다른 사람과 불화를 일으키는 비열한 방식으로 행복해지느니 차라리 고통받는 편을 바랍니다.

이러한 사랑의 정의에 비추어 볼 때, 하나님이 사랑이시라면 단순한 친절을 넘어서는 분임이 분명합니다. 또 모든 기록을 볼 때,

---

19) 히브리서 12장 8절. *

그가 우리를 꾸짖고 책망하신 적은 자주 있었지만 우리를 경멸하신 적은 한 번도 없다는 것을 알 수 있습니다. 그는 가장 깊고 가장 비극적이며 가장 불가항력적인 의미에서 우리를 사랑하여, 황송할 정도로 극진한 대접을 해 주셨습니다.

물론 창조자와 피조물의 관계는 어떤 피조물 간의 관계에서도 유례를 찾을 수 없는 유일무이한 관계입니다. 하나님은 그 누구보다 우리에게서 먼 존재인 동시에 그 누구보다 우리와 가까운 존재입니다. 자기 자신 안에 자기 존재의 원리를 가지고 있는 자와 외부로부터 존재를 전해 받은 자 간의 차이는 천사장과 벌레 간의 차이를 무색하게 만들 만큼 절대적인 것이라는 점에서 볼 때, 그는 우리에게서 먼 존재입니다. 그는 만드셨고 우리는 만들어졌습니다. 그는 본체시며 우리는 파생된 존재입니다. 그러나 이와 똑같은 이유 때문에, 아무리 하찮은 피조물이라도 그 어떤 피조물과도 맺을 수 없는 긴밀한 관계를 하나님과 맺고 있습니다. 우리는 매 순간 그에게서 생명을 공급받고 있습니다. 우리의 자유의지는 하나님이 계속 보내 주시는 에너지로 유지되는 몸을 통해서만, 작지만 기적 같은 힘을 발휘할 수 있습니다. 생각하는 능력 또한 하나님이 그의 능력을 보내 주셨기 때문에 갖게 된 것입니다. 이런 유일무이한 관계를 이해하려면 유비(類比, analogy)를 동원하는 수밖에 없습니다. 우리는 피조물들이 알고 있는 다양한 사랑의 형태를 살펴봄으로써, 인간을 향한 하나님의 사랑이 어떤 것인지에 대해 적절치는 않지만 유용한 개념을 얻을 수 있습니다.

넓은 의미에서만 '사랑'이라고 부를 수 있는 가장 저급한 형태의 사랑은 예술가가 자신의 작품을 보면서 느끼는 사랑입니다. 토기장이와 진흙을 목격한 예레미야의 경험[20]이나 전체 교회는 하나님이 일하시는 건물이요 각각의 성도는 그 건물을 구성하는 돌이라고 말한 성 베드로의 말[21]에 묘사된 하나님과 인간의 관계가 바로 이러한 사랑의 관계입니다. 물론 이런 유비의 한계는, 이 상징에 등장하는 사랑의 대상에게는 감각능력이 없기 때문에 그 "돌"이 정말 "산" 존재가 될 경우 발생하는 정의와 자비의 문제를 설명해 주지 못한다는 데 있습니다.

그럼에도 불구하고 이것은 그 나름대로 중요한 유비입니다. 우리는 은유적으로만 하나님의 작품이 아니라 실제로도 하나님이 만들고 계신 작품으로서, 하나님은 우리가 일정한 특성을 갖추게 될 때까지 결코 만족하지 않으실 것입니다. 여기에서 우리는 앞서 말한 바 그 '황송할 정도로 극진한 대접'에 또 한 번 마주치게 됩니다. 화가는 아이를 재미있게 해 주려고 한가히 끼적거리는 그림에 그다지 큰 수고를 들이려 하지 않을 것입니다. 설령 자기 의도대로 그려지지 않았다 해도 그냥 내버려 두겠지요. 그러나 일생을 바쳐 위대한 작품을 그릴 때—성격은 다르지만 남자가 여자를 사랑하거

---

20) 예레미야 18장. *
21) 베드로전서 2장 5절. *

나 어머니가 자식을 사랑하는 것처럼 강렬하게 사랑하는 작품을 그릴 때—에는 끝없는 수고를 아끼지 않을 것입니다. 그 결과, 만약 그 그림이 감각능력을 가지고 있다면 그 그림에게도 끝없는 수고를 **끼치게** 될 것입니다. 우리는 감각능력을 지닌 어떤 그림이 열 번씩이나 문질러지고 긁히고 다시 그려지는 동안 '차라리 내가 1분이면 완성될 엄지손가락 스케치였으면' 하고 바리는 모습을 상상할 수 있습니다. 그처럼 우리를 향한 하나님의 뜻이 덜 영광스럽고 덜 힘겨운 것이기를 바라는 것은 당연한 일입니다. 그러나 이것은 하나님이 우리를 더 사랑하지 말고 덜 사랑해 주시기를 바라는 태도입니다.

또 다른 사랑의 형태는 인간이 동물에게 느끼는 사랑으로서, 성경은 하나님과 인간의 관계를 상징하는 데 이 유비를 지속적으로 사용했습니다. "우리는 그의 것이니 그의 백성이요 그의 기르시는 양이로다."[22] 이 유비에는 동물이 감각능력을 지니고 있으면서도 인간보다 열등한 존재라는 사실이 명백히 드러나고 있기 때문에, 어떤 점에서는 앞의 유비보다 낫다고 할 수 있습니다. 그러나 인간이 동물을 만들지 않았으며 동물을 완전히 이해하지 못한다는 점에서는 앞의 유비보다 못합니다.

이 유비의 큰 장점은, 인간은 주로 자신을 위해 개와 교제한다는

---

22) 시편 100편 3절.

(이를테면) 사실에 있습니다. 즉 인간은 주로 자신이 개를 사랑하려고 개를 길들이는 것이지 개가 자신을 사랑하도록 길들이는 것이 아니며, 개가 자신에게 봉사하도록 길들이는 것이지 자신이 개에게 봉사하려고 길들이는 것이 아닙니다. 그렇다고 해서 개의 유익이 인간의 유익에 희생되는 것은 아닙니다. 그 유일한 목적(주인이 개를 사랑하는 것)이 성취되려면 개도 그 나름대로의 방식으로 주인을 사랑해야 하며, 개가 주인에게 봉사할 수 있으려면 주인도 또 다른 방식으로 개에게 봉사해야 합니다. 개는 인간의 기준에서 볼 때 이성 없는 피조물 중에 '가장 훌륭한' 피조물로서 인간이 사랑하기에 알맞은 대상—물론 개를 사람처럼 여겨서 어리석게 사랑할 것이 아니라, 개에게 알맞은 종류의 사랑을 알맞은 만큼만 주어야겠지만—이라는 바로 그 사실 때문에, 인간은 개에게 간섭하여 자연 상태에 있을 때보다 더 사랑스러운 존재로 만들어 냅니다. 사실 개가 자연 상태에서 가지고 있는 냄새와 습성을 보면 사랑할 마음이 생기지 않습니다. 그러나 인간은 그런 개를 씻기고 대소변 훈련을 시키며 도둑질을 하지 않도록 가르쳐서 마침내 완전히 사랑할 수 있는 존재로 만들어 냅니다.

만약 그 강아지가 신학자라면, 이 모든 것이 인간의 '선함'을 심각하게 의심하게 만드는 과정으로 보일 것입니다. 그러나 다 자라서 훈련을 마치고 야생의 개보다 더 크고 건강하며 오래 살 수 있게 된 개, 말하자면 은혜로 동물의 운명을 완전히 뛰어넘어 애정과 충성과 유익한 것들과 즐거운 것들로 가득 찬 완전한 세계에 편입된 개라면 그런 의심을 전혀 품지 않을 것입니다. 우리는 그 주인(저는 그가 선한 사람이라는 사실을 처음부터 전제하고 있었습니다)이 이 모든 노력을 들이고 개에게도 그러한 노력을 요구하는 것은 오직 개가 고등동물—조금만 노력하면 충분히 사랑스러워질 가능성이 크므로 그런 노력을 기울여도 아깝지 않은 동물—이기 때문이라는 사실에 주목해야 합니다. 그는 집게벌레에게 대소변 훈련을 시키거나 지네를 목욕시키지는 않습니다. 사실 우리는 하나님이 우리를 하찮게 여겨서 자연스러운 충동에 따라 살게 내버려 두시기를—자연적인 자아와 다른 무엇으로 만들기 위해 애쓰지 않으시기를—바랄 수 있습니다. 그러나 이것 또한 우리를 더 사랑하지 말고 덜 사랑해 달라고 요구하는 태도입니다.

이보다 더 뛰어난 유비는 인간을 향한 하나님의 사랑을 아들을 향한 아버지의 사랑에 빗대는 것으로서, 이 유비가 우리 주님의 가르침에 일관되게 나타나는 것만 보아도 그 가치를 쉽게 인정할 수 있습니다. 그러나 이 유비를 사용할 때에는(예컨대 주기도문으로 기도할 때에는), 주님이 이 유비를 쓰신 그때 그곳에서는 현대 영국과 달리 아버지의 권위가 훨씬 컸다는 사실을 기억해야 합니다. 아들을 세상에 태어나게 만든 것을 약간은 미안해하면서, 혹시나 억압이 될까 봐 아무 제재도 가하지 않거나 심지어 정신적 독립에 방해가 될까 봐 아무 훈계도 하지 않는 아버지는 '하나님의 아버지 되심'을 크게 오해하게 만드는 상징입니다.

저는 아버지들이 고대 시대 때처럼 큰 권위를 갖는 것이 좋으냐 나쁘냐에 대해 말하려는 것이 아닙니다. '아버지 되심'이라는 개념이 그 말씀을 처음 들은 사람들에게 무엇을 의미했으며, 그 후 몇백 년 동안 같은 말씀을 들은 사람들에게는 또 무엇을 의미했는지 설명하려는 것일 뿐입니다. 그 의미는, 우리 주님이 자신의 아들 됨을 어떤 자세로 대하셨는가(우리가 믿는 바에 따르면 인간 세상의 부자 관계와는 달리 성부와 하나이시며 성부와 함께 영원히 계신 분임에도 불구하고)를 살펴볼 때, 이를테면 그가 아버지의 뜻에 온전히 굴복하시며 '선'(善)은 아버지께 해당되는 말이라는 이유로 자신을 선한 선생님으로 부르지 못하게 하신 일[23]을 살펴볼 때 아주 분명하게 드러납니다.

이 상징에서 아버지와 아들의 사랑은 본질적으로 권위를 가진 자와 순종하는 자의 사랑을 가리킵니다. 아버지는 당연히 아들을 자기가 원하는 모습으로 만들어 가기 위해, 아들보다 뛰어난 지혜로 판단하건대 좋다고 여겨지는 모습으로 만들어 가기 위해 권위를 사용합니다. 심지어 요즘에도 "아들을 사랑하지만, 그 애가 인생을 즐겁게 살 수만 있다면 불량배가 된다 한들 무슨 상관인가"라고 말하는 사람이 있을지 모르겠지만, 사실 그것은 말이 안 되는

---

23) 마가복음 10장 17~18절.

소리입니다.

마지막으로, 위험의 소지가 크고 적용 범위도 제한되어 있음에도 불구하고 지금 우리의 특정한 목적에는 가장 유용한 유비를 살펴볼 차례가 되었습니다. 그것은 인간을 향한 하나님의 사랑을 여성을 향한 남성의 사랑에 빗대는 것입니다. 성경은 아무 거리낌없이 이 유비를 사용하고 있습니다. 이스라엘은 아내로서 부정을 저질렀지만, 하늘에 계신 남편은 아내와 함께 행복하게 살았던 시절을 잊지 못하십니다. "네 소년 때의 우의와 네 결혼 때의 사랑, 곧 씨 뿌리지 못하는 땅 광야에서 어떻게 나를 좇았음을 내가 너를 위하여 기억하노라."[24] 이스라엘은 길가에 버려진 자신을 발견하여 옷을 입혀 주고 치장해 주고 사랑스럽게 만들어 준 연인을 배반한 떠돌이 가난뱅이 신부입니다.[25] 야고보 사도는 우리를 "간음하는 여자들이여"라고 부르는데, 그것은 "하나님이 우리 속에 거하게 하신 성령이 시기하기까지" 우리를 사모하심에도 불구하고 우리는 "세상과 벗"이 되어 버렸기 때문입니다.[26] 교회는 주님이 지극히 사랑하여 어떤 티나 주름도 용납하지 않으시는 신부입니다.[27]

이 유비가 강조하는 진리는, 사랑은 본질상 그 연인을 완벽한 존재로 만들고자 한다는 것입니다. 이런 점에서 볼 때, 상대방이 고

---

24) 예레미야 2장 2절. *
25) 에스겔 16장 6-15절. *
26) 야고보서 4장 4-5절. 흠정역은 이 구절을 잘못 번역해 놓았습니다. *
27) 에베소서 5장 27절. *

통을 당하지만 않는다면 무엇이든지 허용하려 드는 단순한 '친절'은 사랑과 상극이라고 할 수 있습니다. 어떤 여자를 사랑하게 되었을 때 그가 깨끗하든 더럽든 아름답든 추하든 신경쓰지 않게 됩니까? 오히려 그제서야 비로소 그런 점들에 신경을 쓰게 되지 않습니까? 남자가 자기 외모에 대해 아는 바도 없고 신경도 쓰지 않는 것을 사랑의 표시로 여길 여자가 어디 있겠습니까? 그야말로 사랑은 그 연인이 아름다움을 잃어도 사랑할 수 있지만, 아름다움을 잃었기 때문에 사랑하는 것은 아닙니다. 사랑은 모든 허물을 용서해 줄 수 있고 모든 허물에도 불구하고 여전히 사랑할 수 있지만, 그 허물을 없애 주겠다는 결심을 접지는 않습니다. 사랑은 미움보다 더 예민하게 연인의 모든 흠을 감지합니다. 사랑의 "감각은 달팽이의 촉수보다 더 부드럽고 예민합니다." 사랑은 그 어떤 힘보다 더 허물을 용서하면서도 더 허물을 묵과하지 않습니다. 사랑은 작은 것에 기뻐하면서도 모든 것을 요구합니다.

기독교에서 하나님이 인간을 사랑하신다는 것은, 말 그대로 하나님이 인간을 **사랑하신다는** 뜻입니다. 우리에게 무관심한 나머지 '사심 없이' 우리의 복지에 신경 쓰신다는 뜻이 아니라, 두렵고도 놀라우며 참된 의미에서 우리를 사랑의 대상으로 삼으셨다는 뜻입니다. 여러분은 사랑의 하나님을 만나고 싶어했습니다. 그 하나님이 여기 계십니다. 여러분이 대수롭지 않게 불러낸 위대한 영, 그 "무시무시한 용모의 군주"가 여기 계십니다. 꾸벅꾸벅 졸면서 여러분이 그 나름대로 행복해지기를 바라는 연로한 할아버지의 인자함이나 양심적인 치안판사의 냉담한 박애주의, 손님 대접에 책임감을 느끼는 집주인의 배려로서가 아니라, 소멸하는 불로서, 세상을 창조해 낸 사랑으로서, 작품을 향한 화가의 사랑처럼 집요하고 개를 향한 인간의 사랑처럼 전제적(專制的)이며 자식을 향한 아버지의 사랑처럼 신중하고 숭고히며 남녀의 사랑처럼 질투할 뿐 아니라 꺾일 줄 모르는 철두철미한 사랑으로서 여기 계십니다.

어떻게 이런 일이 가능한지 저는 모르겠습니다. 피조물이, 더욱이 우리 같은 피조물이 창조자의 눈에 그토록 엄청난 가치를 지니는 이유를 인간의 이성으로는 설명할 길이 없습니다. 이 부담스러운 영광은 우리가 감히 받을 자격도 없고, 어쩌다 은혜가 임하는 순간이 아니면 감히 바랄 수도 없는 것임이 분명합니다. 옛 희곡에 나오는 처녀들처럼, 우리는 제우스의 사랑을 깎아내리는 경향이 있습니다.[28] 그러나 하나님이 우리를 사랑하신다는 사실은 의문의 여지 없이 확실해 보입니다. 감정을 초월한 분(The Impassible)이 마치 열정(passion)에 휘말린 듯 말씀하시며, 자기 안에 자신의 복과 다른 모든 복의 원인을 지니고 계신 분이 마치 무언가가 부족해서 갈망하는 듯 말씀하십니다. "에브라임은 나의 사랑하는 아들, 기뻐하는 자식이 아니냐? 내가 그를 책망하여 말할 때마다 깊이

---

28) 아이스킬로스 Aeschylos, 〈결박된 프로메테우스 *Prometheus Vinctus*〉, 887-900. *
29) 예레미야 31장 20절. *

생각하노라. 그러므로 그를 위하여 내 마음이 측은한즉……."[29]
"에브라임이여, 내가 어찌 너를 놓겠느냐? 이스라엘이여, 내가 어찌 너를 버리겠느냐? ……내 마음이 내 속에서 돌아서……."[30]
"예루살렘아, 예루살렘아……암탉이 그 새끼를 날개 아래 모음같이 내가 네 자녀를 모으려 한 일이 몇 번이냐? 그러나 너희가 원치 아니하였도다."[31]

인간의 고통과 인간을 사랑하시는 하나님의 존재를 조화시키는 문제는, 우리가 '사랑'이라는 말에 하찮은 의미를 부여하며 인간이 만물의 중심인 양 만물을 바라보는 한 결코 해결될 수 없습니다. 인간은 중심이 아닙니다. 하나님은 인간을 위해 존재하시지 않습니다. 인간은 자기 자신을 위해 존재하지 않습니다. "주께서 만물을 지으신지라. 만물이 주의 뜻대로 있었고 또 지으심을 받았나이다."[32] 우리를 만드신 주된 목적은 우리로 하여금 하나님을 사랑하게 하려는 데 있는 것이 아니라(물론 이 목적도 있지만), 하나님이 우리를 사랑하심으로써 우리를 그의 사랑이 '아주 기쁘게' 머물 수 있는 대상으로 만드시려는 데 있습니다.

하나님의 사랑을 향해 현재의 우리 모습에 만족하라고 요구하는 것은, 하나님께 하나님이기를 그만 두시라고 요구하는 것과 같습

---

30) 호세아 11장 8절. *
31) 마태복음 23장 37절. *
32) 요한계시록 4장 11절. *

니다. 하나님은 하나님이시기 때문에 그의 사랑은 본성상 지금 우리의 인격에 있는 흠들을 저지하고 거부할 수밖에 없으며, 그는 이미 우리를 사랑하고 계시기 때문에 우리를 사랑스러운 존재로 만들기 위해 노력하지 않으실 수 없습니다. 전보다 좀 나아졌다 해도 여전히 불순한 현재의 우리 모습에 만족해 주시기를 바랄 수는 없습니다. 그것은 마치 거지 소녀가 더러운 누더기를 걸치고 있으면서도 코페투아 왕이 만족해 주기를 바라는 것이나, 이미 인간 사랑하기를 배운 개가 야생동물처럼 벌레투성이에 더러운 몸으로 집안의 아무 물건이나 물어뜯으면서도 주인이 너그럽게 봐주기를 바라는 것과 다름없습니다. 지금 여기에서 우리가 '행복'이라고 부르는 것은 하나님이 계획하신 주된 목적지가 아닙니다. 우리는 하나님이 아무 거리낌 없이 사랑하실 수 있는 존재가 될 때 비로소 진정으로 행복해질 것입니다.

분명히 예상하건대, 이런 논의의 흐름에 이의를 제기하는 이가 있을 것입니다. 저는 처음에 하나님의 선함을 이해하기 위해 우리의 윤리를 단순히 파기해야 하는 것은 아니라고 단언한 바 있습니다. 그런데 어떤 이들은 지금 우리에게 요구되는 일이 바로 그것이 아니냐고 항변할 수 있습니다. 그들은 제가 지금 하나님의 사랑이라고 말하고 있는 종류의 사랑은 인간 세계에서 '이기적인' 사랑 내지는 '소유욕에 사로잡힌' 사랑이라고 부를 만한 것으로서, 자기의 만족이 아니라 사랑하는 이의 행복을 먼저 추구하는 사랑과 대조되는 것이 아니냐고 말할 수 있습니다. 그러나 저로서는 인간 사이의 사랑이라 해도 이런 식으로 생각할 수 있다는 확신이 들지 않습니다. 저는 오로지 저의 행복만을 바라면서 제가 부정직한 일을 해도 반대하지 않는 친구의 사랑을 높이 평가해야 한다고 생각지 않습니다. 그럼에도 불구하고 이런 이의 제기가 반갑게 느껴지는 것은, 이 이의에 대한 답변이 우리의 주제를 새로운 각도에서 조명해 주며, 한쪽으로 기울어졌던 논의의 방향을 바로잡아 줄 수 있기 때문입니다.

사실 피조물을 향한 하나님의 사랑에 이기적인 사랑과 이타적인 사랑의 대조라는 틀을 딱 부러지게 적용할 수는 없습니다. 이해관계가 서로 충돌하여 이기심과 이타심 중에 선택을 내려야 하는 상황은 공동의 세계에서 살고 있는 존재들 사이에서나 벌어질 수 있기 때문입니다. 셰익스피어가 바이올라[33]와 경쟁관계에 있지 않듯이 하나님은 피조물들과 경쟁관계에 있지 않습니다. 하나님이 사람이 되어 팔레스타인에서 피조물들과 더불어 하나의 피조물로 사셨을 때, 그는 참으로 숭고한 자기 희생의 삶을 사셨으며 결국 갈보리까지 나아가셨습니다. 범신론자인 현대의 철학자 한 사람은 "절대자가 바닷속으로 들어가면 물고기가 된다"고 했습니다. 그처럼 우리 그리스도인들도 성육신을 가리켜 "하나님이 이처럼 자신

---

33) 셰익스피어의 희극 〈십이야 *Twelfth Night*〉의 여주인공.

의 영광을 비우시고 이기주의와 이타주의의 의미가 확연히 드러나는 그 유일한 상황을 감수하신 것은, 그가 전적으로 이타적인 분임을 보여 주시는 일"이라고 말할 수 있을 것입니다. 그러나 초월적 존재이신 하나님, 모든 조건들의 무조건적 근거가 되시는 하나님에 대해 그런 식으로 쉽게만 생각할 수는 없습니다.

우리는 상대방의 필요를 희생시키면서까지 자기 필요를 만족시키는 인간의 사랑—자녀들로서는 세상에 나가는 편이 유익한데도 아버지가 그들과 헤어지기 싫어서 집에 붙들어 두는 경우처럼—을 이기적인 사랑이라고 부릅니다. 이런 상황이 벌어지려면, 사랑하는 쪽에 어떤 필요나 열정이 있고 사랑받는 쪽에 그와 공존할 수 없는 또 다른 필요가 있어야 하며, 사랑하는 쪽이 사랑받는 쪽의 필요를 의도적으로 모른 척하거나 무시해야 합니다. 그런데 하나님과 인간의 관계에는 이 조건 중 어떤 것도 적용되지 않습니다. 하나님께는 어떤 필요도 없습니다. 플라톤Platon의 말처럼 인간의 사랑은 빈곤—필요 내지는 결핍—의 산물로서, 사랑하는 쪽에서 필요로 하고 갈망하는 선한 것이 그 대상 안에 실제로 있거나 또는 있다고 여겨질 때 생겨납니다. 그러나 하나님의 사랑은 그와 달리 상대방이 가진 선에 근원을 두는 것이 아니라, 오히려 자신이 먼저 인간을 사랑하여 그를 존재케 한 후에 파생적인 것이나마 진정한 사랑스러움을 갖추어 가게 함으로써 그 모든 선의 근원이 되어 줍니다. 하나님은 선이십니다. 그는 선을 주시는 분이지, 선을 필요로 하거나 어디서 얻어와야 하는 분이 아닙니다. 이런 점에서 하나님의 사랑은 말 그대로 본질상 끝없이 이타적인 것으로서, 모든 것을 주되 아무것도 받지 않는 사랑입니다.

이처럼 하나님이 감정을 초월하신 분이면서도 마치 열정에 휘말린 듯 말씀하시며 영원히 충만하신 분이면서도 무언가 필요한 것처럼, 자신이 처음 적신(赤身)으로 창조한 이래 계속해서 모든 것을 공급해 오신 바로 그 존재들이 필요한 것처럼 말씀하시는 것을 이해하려면, 그가 순전히 기적을 통해 스스로 갈망을 느낄 수 있는 존재가 되시고 우리만이 채워 드릴 수 있는 무언가를 자기 안에 창조해 내셨다고 볼 수밖에 없습니다.

하나님이 우리를 필요로 하시는 것은 그가 그 필요를 선택하셨기 때문입니다. 불변하는 하나님의 마음이 자신이 만들어 낸 꼭두각시들 때문에 슬픔을 느낄 수 있는 것은, 다름 아닌 자신의 전능함을 우리가 이해할 수 없는 겸손으로 기꺼이 그 슬픔에 복종시키셨기 때문입니다. 세상의 주된 존재 목적이 우리로 하여금 하나님을 사랑하게 하려는 데 있지 않고 하나님이 우리를 사랑하시려는 데 있다는 그 사실은, 좀더 깊은 차원에서 볼 때 바로 우리를 위한 것입니다. 부족한 것 하나 없는 그분이 우리를 필요로 하기로 선택하신 것은, 그의 필요가 되는 것이 곧 우리의 필요이기 때문입니다.

지금 기독교가 가르치고 있는 바대로, 하나님과 인간의 모든 관계 전후에는 자신을 순수하게 내어주신 하나님의 행위가 심연처럼 입을 벌리고 있습니다. 이것은 아무것도 아닌 인간을 택하여 사랑하는 자로 삼음으로써 하나님께 필요한 존재이자 그가 갈망하시는 존재(어떤 의미에서)로 만드신 행위로써, 하나님은 영원토록 모든 선함을 가지고 계신 분이므로 이렇게 자신을 내어주시지만 않았다면 아무것도 필요로 하거나 갈망하지 않아도 되었을 것입니다. 이처럼 하나님은 바로 우리를 위해 자신을 내어주셨습니다.

사랑할 줄 아는 것은 우리에게 좋은 일입니다. 최고로 좋은 대상이신 하나님을 사랑할 줄 아는 것은 우리에게 최고로 좋은 일입니다. 그러나 우리가 먼저 하나님께 구애하거나 하나님을 찾아내야 한다고 생각한다면, 또 우리가 하나님의 필요에 따르기에 앞서 하나님이 먼저 우리의 필요에 따르셔야 한다고 생각한다면, 그것은 이 사랑을 사물의 이치에 어긋나게 잘못 이해하는 것입니다. 왜냐하면 우리는 피조물에 불과한 존재들로서, 우리의 역할은 언제나 주체에 반응하는 객체, 남성에 반응하는 여성, 빛에 반응하는 거울, 소리에 반응하는 메아리의 역할임이 분명하기 때문입니다. 우리가 할 수 있는 가장 고귀한 활동은 주도하는 것이 아니라 반응하는 것임이 분명합니다. 따라서 하나님의 사랑을 착각 속의 모습이 아니라 진정한 모습으로 경험하게 될 때, 우리는 그의 요구에 복종하며 그의 바람에 따르게 됩니다. 반대로 그가 우리의 요구에 복종하시며 우리의 바람에 따르신다는 것은 말하자면 존재의 문법을 위반하는 것과 같습니다. 물론 어떤 차원에서는 인간의 영혼이 하나님을 추구한다거나 하나님이 그 영혼의 사랑을 받아 주신다고 말할 수도 있음을 부인하지 않습니다만, 인간의 영혼이 하나님을 찾게 되는 것은 하나님이 먼저 그 영혼을 찾으신 결과로 나타난 하나의 양상 내지는 현상(Erscheinung)에 불과할 수 있습니다. 왜냐하면 모든 것은 하나님으로부터 나오며, 우리가 사랑할 수 있다는 것 자체가 하나님의 선물이고, 인간에게는 오직 좀더 나은 반응을 할 것인가 못한 반응을 할 것인가를 선택할 자유밖에 없기 때문입니다. 따라서 저는 '사랑받는 자가 사랑하는 자를 움직이는 것처럼, 하나님은 움직이지 않으면서 우주를 움직인다'는 아리스토텔레스Aristoteles의 학설[34]보다 더 날카롭게 기독교와 이교적 유신론의 차이를 보여 주는 것이 없다고 생각합니다. 기독교는 이와 다르게 말합니다. "사랑은 여기 있으니 우리가 하나님을 사랑한 것이 아니요 오직 하나님이 우리를 사랑하사."[35]

이처럼 하나님께는 인간들이 이기적인 사랑이라고 부르는 사랑의 첫번째 조건이 없습니다. 즉 그에게는 사랑하는 자가 잘되기를 바라는 마음과 갈등을 일으킬 천성적인 필요나 열정이 없습니다. 혹 열정이나 필요 비슷하게 생각되는 것이 그 안에 있다면, 그것은 하나님이 자신의 뜻에 따라 우리를 위해 허용하신 것일 뿐입니다.

---

34) 〈형이상학 Metaphisica〉, XII, 7. *
35) 요한일서 4장 10절. *

하나님께는 두번째 조건도 없습니다. 아이에게 진정으로 이로운 바와 아버지의 애정이 본능적으로 요구하는 바는 서로 다를 수 있습니다. 아이는 아버지와 분리된 별개의 존재로서, 그의 본성은 자신만의 고유한 필요를 가지고 있을 뿐 아니라 오로지 아버지만을 위해 존재하는 것도 아니고 아버지의 사랑을 통해 완전해지는 것도 아니며 아버지가 그 본성을 충분히 이해하고 있는 것도 아니기 때문입니다. 그러나 피조물은 그처럼 창조자와 분리된 존재가 아닐 뿐더러 하나님이 그들을 잘못 이해하시는 일 또한 있을 수 없습니다. 하나님이 전체 설계도 안에서 그들을 위해 정해 놓으신 자리가 곧 그들의 자리입니다. 그 자리에 도달할 때 비로소 그들의 본성은 완성되고 행복이 찾아옵니다. 즉 우주의 부러진 뼈가 제자리를 찾고 고뇌가 끝나는 것입니다. 하나님이 원하시는 존재가 아닌 무언가가 되길 바라는 것은 사실상 우리를 행복하게 해 줄 수 없는 것을 바라는 것과 같습니다. 그냥 듣기에는 연인의 소리가 아니라 전제군주의 소리처럼 들리는 하나님의 요구는, 실제로 우리 자신이 무엇을 원하는지 알기만 한다면 정말 가고 싶어할 곳으로 우리를 안내해 주는 소리입니다.

하나님은 그 앞에 엎드려 예배하며 순종할 것을 요구하십니다. 이렇게 우리가 엎드려 예배하며 순종하는 것이 하나님께 무슨 선이 될 수 있다고 생각합니까? 또는 밀턴의 코러스[36]처럼 인간의 불경스러움이 "그의 영광을 감소"시킬까 봐 걱정이 됩니까? 어떤 정신병자가 병실 벽에 '어둠'이라고 갈겨쓴다고 해서 태양이 꺼지지 않는 것처럼, 인간이 예배하지 않는다고 해서 하나님의 영광이 감소되는 것은 아닙니다. 그러나 하나님은 우리의 선을 바라시는데, 우리의 선은 바로 하나님을 사랑하는 것(창조자의 사랑에 반응하여 그를 사랑하는 것은 피조물의 당연한 도리입니다)입니다. 하나님을 사랑하려면 하나님을 알아야 합니다. 그리고 우리가 정말 그를 안다면 땅에 얼굴을 대고 엎드리지 않을 수 없습니다. 그런데도 우리가 지금 엎드리지 않고 있다면, 그것은 우리가 사랑하고자 애쓰고 있는 대상이 하나님이 아니라는 뜻—인간이 생각과 공상을 통해 접근할 수 있는 가장 근사치의 하나님일 수는 있지만—입니다.

그렇다고 해서 하나님이 그 앞에 엎드려 경외하는 자리로만 우리를 부르시는 것은 아닙니다. 하나님은 현재 우리의 바람을 훨씬 뛰어넘는 자리, 피조물로서 신의 속성에 참여하며 신의 생명을 반사하는 자리로 우리를 부르십니다. 하나님은 '그리스도로 옷 입으라'고,[37] 즉 하나님처럼 되라고 명하십니다. 하나님은 지금 우리가 스스로 원한다고 생각하는 것을 주시는 것이 아니라, 우리가 좋아하든 좋아하지 않든 우리에게 필요한 것을 주고자 하십니다. 이번에도 우리는 하나님의 황송할 정도로 극진한 대접에 당황하게 됩

---

36) corus. 그리스 고전극에서 노래와 춤과 낭송으로 극의 주요 줄거리를 묘사하던 합창단을 가리키는 말. 밀턴을 비롯한 영국 작가들의 작품에 등장한 코러스는 서문이나 맺음말 등을 담당하는 해설자 역할을 했다.
37) 로마서 13장 14절.

니다. 너무 조금 사랑하시는 데 당황하는 것이 아니라 너무 많이 사랑하시는 데 당황하게 되는 것입니다.

그러나 아직도 우리는 진실에 다 이르지 못했습니다. 하나님이 우리의 유일한 선이신 것은, 단순히 그가 독단적으로 우리를 그렇게 만드셨기 때문이 아닙니다. 오히려 그보다는 하나님이 모든 피조물의 유일한 선이시기 때문입니다. 그러므로 각 피조물은 하나님을 실현하되(the fruition of God), 자기 본성에 맞는 종류와 수준으로 실현하는 것에서 자신의 선을 발견해야 합니다. 그 종류와 수준은 피조물의 본성에 따라 다양할 수 있습니다만, 그 외에 다른 선이 있을 수 있다고 생각하는 것은 무신론적인 몽상에 불과합니다. 출처는 정확히 모르겠지만, 조지 맥도널드George Macdonald는 인간에게 다음과 같이 말씀하시는 하나님의 모습을 묘사한 바 있습니다. "너희는 나의 강함으로 강해져야 하고 나의 복됨으로 복받아야 한다. 나에게는 그 외에 **줄 것이 없기 때문이다.**"

이것이 전체의 결론입니다. 하나님은 자신에게 없는 것을 주시는 것이 아니라 있는 것을 주십니다. 그는 없는 행복을 주시는 것이 아니라 있는 행복을 주십니다. 하나님이 될 것이냐, 피조물의 자리에서 하나님의 선함에 반응함으로써 그의 선함을 공유하며 그를 닮은 존재가 될 것이냐, 비참한 존재가 될 것이냐, 우리는 이 세 가지 중 하나를 선택해야 합니다. 우주에서 재배되는 유일한 먹을거리, 설사 다른 우주가 있다 해도 거기에서 자랄 수 있는 유일한

먹을거리 먹는 법을 배우지 못하는 사람은 영원히 굶는 수밖에 없
습니다.

제4장 **인간의 악함**

스스로 겸손하다고 생각하는 것보다 더 확실하게 당신의 만성
적인 교만을 드러내 주는 표시는 없다.

윌리엄 로우 William Law, 〈엄숙한 부르심 *Serious Call*〉, cap.16

전 장에 나온 예들은 사랑이 그 대상에게 고통을 줄 수도 있다는 사실을 보여 주었습니다만, 그것은 오직 '그 대상은 완전히 사랑스러운 존재가 되기 위해 바뀔 필요가 있다'는 것을 전제했을 때의 이야기였습니다. 그렇다면 우리 인간은 왜 그렇게 많이 바뀌어야 하는 것일까요?

이 질문에 대한 기독교의 대답—우리가 자유의지를 잘못 사용함으로써 아주 악해졌기 때문이라는 대답—은 워낙 잘 알려진 바이므로 다시 언급할 필요가 없을 것입니다. 그러나 이 교리를 현대인, 심지어 현대의 그리스도인에게조차 생생하게 실감시키기는 아주 어렵습니다. 사도들이 복음을 전했던 시대에는, 아무리 이교도 청중이라 해도 스스로 신의 진노를 받아 마땅한 존재로 의식하고 있다고 가정할 수 있었습니다. 이교의 신비적 제의들은 이런 의식을 달래 주기 위한 것이었고, 에피쿠로스 철학이 주장한 바도 영원한 형벌의 두려움에서 구해 주겠다는 것이었습니다. 이 같은 배경이 있었기에 그 당시에 복음이 좋은 소식으로 등장할 수 있었던 것입니다. 복음은 스스로 죽을 병에 걸렸다는 것을 아는 사람들에게 치료받을 수 있다는 소식을 전해 주었습니다. 그러나 이제는 모든 상황이 변해 버렸습니다. 요즘 사람들은 기독교가 진단한 내용—이것 자체만 놓고 보면 굉장히 나쁜 소식이지요—을 먼저 접하기 전에는 그 치료법에 귀를 기울이지 않게 되었습니다.

상황을 이렇게 만든 주된 원인이 두 가지 있습니다. 첫번째 원인은 지난 백여 년 간 한 가지 덕목— '친절' 내지는 자비—만 지나치게 강조한 나머지, 대부분의 사람들이 친절 이외의 덕목은 그다지 좋게 여기지 않으며 무자비함 이외의 악덕은 그다지 나쁘게 여기지 않게 되었다는 데 있습니다. 이처럼 윤리가 편향적으로 발전하는 것은 드물지 않은 현상으로서, 다른 시대 사람들도 어떤 덕목은 특별히 소중하게 여겼던 반면 어떤 악덕은 이상하리만치 무감각하게 대하곤 했습니다.

사람들에게 다른 덕목들은 다 포기해도 결코 포기할 수 없는 덕목을 하나 꼽으라면, 자비를 가장 우선적으로 꼽을 것입니다. 사실모든 그리스도인은 '인도주의'니 '감상주의'니 하면서 자비를 세상에서 몰아내려 들고 암암리에 무자비함을 옹호하는 선전들을 혐오하고 거부해야 합니다. 그러나 진짜 문제는 '친절'이란 것이 합당한 근거 없이도 스스로 갖추고 있노라 착각하기 쉬운 자질이라는 데 있습니다. 사람은 누구나 당장 짜증나는 일만 없으면 스스로 인자한 사람인 양 **느낍니다**. 그래서 실제로는 동료 피조물을 위해 조금도 희생해 본 적이 없음에도 불구하고, 스스로 '심성 바른 인간', '파리 한 마리 못 죽이는 인간'이라고 확신하면서 그에 비하면 자기가 가진 다른 악덕쯤은 아무것도 아니라고 쉽게 자위해 버리지요. 우리는 단지 자기 기분이 좋은 것을 친절한 것으로 착각합니다. 그러나 기분이 좋다고 해서 스스로 절제력이 있다거나 순결하다거나 겸손하다고 착각하는 경우는 거의 없습니다.

두번째 원인은 정신분석학이 대중의 정신에 끼친 영향, 특별히 억압과 억제 이론이 끼친 영향에 있습니다. 그 실제 의미가 무엇이든 간에 이 이론들은 사실상 대다수 사람들에게 수치심은 위험하고 해롭다는 인상을 심어 주었습니다. 그래서 우리는 그 위축감, 그 은폐 욕구—자연의 본성이나 거의 모든 인류의 전통에 따르면, 사람은 비겁하고 부정(不貞)한 행동을 하거나 거짓말하고 시기할 때 이런 감정 내지 욕구를 느끼게 되어 있습니다—를 극복하려고 노력해 왔습니다. 흔히 "그것들을 터놓고 말하라"고들 하는데, 자기를 낮추기 위해서 그렇게 하라는 것이 아니라 "그것들"은 아주 자연스러운 것들이므로 부끄러워할 필요가 없다는 이유에서 그렇게 하라는 것입니다.

그러나 기독교가 완전히 틀리지 않았다면, 수치심을 느끼는 순간의 자기 인식이야말로 유일하게 참된 인식임이 분명합니다. 심지어 이교 사회도 대개 '파렴치함'을 영혼의 최저점으로 인정해 왔습니다. 우리는 수치심을 뿌리뽑으려다가 결국 인간의 정신을 지켜 주는 성벽 한쪽을 무너뜨리는 결과를 맞이하고서도, 마치 자기 성벽을 허물고 목마를 끌어들이면서 환호한 트로이 사람들처럼 어리석게 환호하고 있습니다. 저는 가능한 한 빨리 그 성벽 재건 작업에 착수하는 것보다 더 시급한 일은 없다고 생각합니다. 위선이 **유혹**임을 부인함으로써 위선 자체를 제거하려 드는 것은 바보 같은 짓입니다. 수치심을 느끼지 못하는 '솔직함'은 싸구려에 불과합니다.

죄의 옛 의미를 회복시키는 것은 기독교의 본질적인 과제입니다. 그리스도는 사람들이 악한 것을 당연히 여기셨습니다. 그의 가정이 정말 맞다는 생각이 들지 않는 사람은 그가 구하러 오신 세상의 일부는 될 수 있어도 그의 말씀을 듣는 청중의 일부는 될 수가 없습니다. 그런 사람은 그리스도가 무슨 말씀을 하시는지 이해할 수 있는 첫번째 조건을 갖추지 못한 것입니다. 또한 이러한 죄의식 없이 그리스도인이 되려 하는 사람은 하나님을 공연히 늘상 화만 내고 있는 분으로 여겨 분한 마음을 품게 되는 경우가 아주 많습니다. 우리 대부분은 회개하라는 목사의 일장 연설을 듣고 "도대체 내가 **그분에게** 무슨 해코지를 했단 말입니까?" 하고 반문했다는 농부에게 은근한 공감을 느낍니다.

여기에서 우리는 진짜 암초에 부딪치게 됩니다. 우리가 하나님께 저지른 가장 나쁜 짓이라고 해 봐야, 하나님이 어떻게 하시든지 아무 간섭도 하지 않은 것이 전부 아닙니까? 그런데 왜 하나님은 칭찬으로 답하시지 못하는 것입니까? 왜 그는 그대로, 우리는 우리대로 살면 안 됩니까? 다른 사람도 아닌 하나님이 '화'를 내시는 이유가 무엇입니까? 하나님은 쉽게 선해질 수 있는 분이면서 말입니다!

그러나 우리가 정말로 죄책감을 느끼는 순간—이런 순간은 우리 일생에 아주 드물게 찾아옵니다—, 이 모든 불경스러운 생각들은 전부 사라지고 맙니다. 우리는 많은 것을 인간의 연약함 탓으로 돌릴 수 있지만 자신이 저지른 짓만큼은 그럴 수 없다고, 이것은 믿기지 않을 만큼 야비하고 추한 짓으로서 친구들 중 어느 누구도 저질러 본 적이 없을 만한 짓이고, 누구누구처럼 갈 데까지 다 간 건달 나부랭이조차 부끄러워할 짓이며, 절대 세상에 공개되면 안 될 짓이라고 느낄 것입니다. 그런 순간이 올 때 우리는 '선한 사람이라면 누구나 이 행위에 드러난 내 인격을 혐오할 것이며, 실상 그렇게 혐오해야 마땅하다'는 사실을 절감하게 됩니다. 이런 행위를 보고 참을 수 없는 염증을 느끼지 않는 하나님은 선한 존재일 수가 없습니다. 아니, 그런 하나님이 있기를 바라는 것조차 있을 수 없는 일입니다. 그것은 마치 자기 몸에 악취가 난다고 해서 세상의 모든 코가 없어져 다시는 어떤 피조물도 건초 내음이나 장미 향기, 바다

냄새를 맡는 즐거움을 누리지 못하게 되기를 바라는 태도나 다름 없습니다.

말로만 자신이 악하다고 인정하는 사람에게 하나님의 '진노'는 야만적인 교리로 보입니다. 그러나 자신의 악함을 **지각하는** 순간부터 우리는 하나님의 진노를 불가피한 것으로, 하나님의 선함에서 비롯된 필연적인 결과로 보게 됩니다. 그러므로 지금까지 말한 이런 순간에 얻게 된 통찰들을 항상 기억하는 것, 자신이 아무리 복잡하게 위장하고 또 위장해도 사실은 변명의 여지 없이 똑같이 타락했다는 사실을 간파할 줄 아는 것은 기독교 신앙을 참으로 이해하는 데 꼭 필요한 일입니다.

물론 이것은 새로운 교리가 아닙니다. 저는 이 장에서 엄청나게 놀라운 일을 시도하고 있는 것이 아닙니다. 다만 독자들이(그보다는 저 자신이) 더 이상 당나귀의 다리[38]에서 헤매지 않게 하려고—바보들의 낙원과 턱없는 환상에서 한 걸음 빠져 나오게 하려고—애쓰고 있을 뿐입니다. 그러나 현대는 그 환상이 너무 강력해진 시대이기 때문에, 실재를 좀더 믿을 만하게 만들어 줄 몇 가지 고찰을 덧붙이지 않을 수 없군요.

1. 우리는 사물의 겉모습에 속고 있습니다. 우리는 자신을 남들

---

38) pons asinorum. '이등변삼각형의 두 밑각은 같다'는 유클리드 기하학의 정리(定理)를 가리키는 표현으로서, 당나귀처럼 둔한 학생은 이해하기 어렵다는 뜻에서 나온 말이다. 흔히 초심자가 이해하기 어려운 문제를 의미한다.

과 대충 비교해 볼 때, 모든 이에게 존경할 만한 사람으로 인정받는 Y보다 크게 못할 것이 없으며 혐오감을 주는 X보다는 확실히 나은 인간이라고(물론 드러내놓고 이렇게 말하지는 않지만) 생각합니다. 그러나 피상적 수준에서만 보더라도, 우리는 속고 있을 가능성이 큽니다. 친구들도 여러분을 Y만큼 선한 사람으로 생각하고 있으리라고 너무 확신하지 마십시오. 여러분이 Y를 비교대상으로 선택한 것 자체부터 문제가 있을 수 있습니다. 그는 아마도 여러분이나 여러분과 어울리는 이들보다 월등히 나은 사람일 것입니다.

그러나 일단 Y와 여러분이 모두가 보기에 '괜찮은' 사람이라고 가정해 봅시다. Y의 겉모습이 그의 참모습과 얼마나 동떨어져 있느냐는 그 자신과 하나님만 아는 문제입니다. 물론 두 모습이 일치할 수도 있겠지요. 그러나 적어도 여러분 자신의 경우에는 두 모습이 일치하지 않는다는 것을 잘 알고 있을 것입니다. '이와 똑같은 말을 Y뿐 아니라 다른 사람들에게도 똑같이 적용할 수 있다는 점에서 볼 때 이것은 말장난에 불과하다'는 생각이 듭니까? 그러나 여기에 바로 문제의 핵심이 있습니다.

아주 거룩한 사람이나 아주 교만한 사람을 제외한 모든 사람은 다른 이들의 겉모습을 '기준 삼아' 행동할 수밖에 없습니다. 그러나 사람들 앞에서 가장 경솔한 행동을 하고 저급한 말을 했을 때조차 사실 자기 내면에는 그 행동과 말보다도 훨씬 못한 것이 들어 있다는 사실을 본인만큼은 알고 있습니다. 한순간—친구가 어떤 말을 할까 말까 망설이고 있는 순간—머리를 스치고 지나가는 생각이 무엇입니까? 우리는 서로 간에 진실을 있는 그대로 전부 털어 놓은 적이 한 번도 없다는 점입니다. 우리는 추한 **사실**—가장 야비하게 비겁한 행동을 했다거나 가장 수치스럽고 무미건조하기 짝이 없는 부도덕한 행동을 했다는 사실—을 고백하기도 하지만, 그것을 고백하는 **말투**에는 거짓을 섞어 넣습니다. 고백하는 행위 그 자체, 아주 약간의 위선적인 눈짓, 몇 마디 우스갯소리 같은 것들을 통해 자기가 고백하고 있는 내용과 자기 자신 사이에 어느 정도 거리를 만드는 것이지요. 그래서 사실은 이런 행동들이 자신에게 얼마나 익숙한 것이며 어떤 의미에서 자신의 영혼에 딱 들어맞는 것인지, 또 자신의 나머지 모습과 얼마나 잘 어울리는 것인지 아무도 짐작하지 못하게 만듭니다. 저 밑바닥, 그 몽롱한 내심을 들여다보면, 이런 것들이 자신의 말에 표현된 바처럼 그다지 돌출적인 행동도 아닐뿐더러 나머지 모습들과 전혀 동떨어진 뜻밖의 행동이라고도 할 수 없는데 말이지요.

우리는 습관적인 악덕에 대해서는 예외적으로 한 번 저지른 행동인 양 암시하거나 종종 자신도 그렇게 믿어 버리는 반면, 미덕에 대해서는 그와 정반대 되는 착각을 합니다. 마치 실력 없는 테니스 선수가 평상시 실력은 '일진이 안 좋은' 탓으로 돌리고 어쩌다 잘 친 것은 평상시 실력으로 돌리는 것과 같습니다. 이처럼 자신에 대해 진실을 말하지 못하는 것이 우리의 잘못이라고는 생각지 않습니다. 평생토록 끊임없이 마음에서 웅얼대는 악의와 질투와 음란함과 탐욕과 자기 만족의 소리는 말로 간단히 전환되지 않는 법입니다. 그러나 중요한 점은 이처럼 불가피하게 한정될 수밖에 없는 발언을 해 놓고서도, 마치 자기 속에 있는 최악의 것을 전부 꺼내 놓은 양 착각하지는 말아야 한다는 것입니다.

2. 근자에 도덕을 순전히 개인적인 개념이나 가정(家庭)적인 개념으로 이해하는 것에 대한 반발—그 자체로는 건전한 반발—이 일어나 **사회적** 양심을 다시 일깨우고 있습니다. 우리는 자신이 부정한 사회 체제에 연루되어 있으며 공동의 죄책(罪責)을 공유하고 있음을 느낍니다. 이것은 사실입니다. 그러나 원수 마귀는 진실을 이용해서도 우리를 속일 수 있습니다. '체제'와는 아무 상관이 없으며 천년왕국 때까지 기다릴 필요 없이 지금 당장 해결할 수 있는 죄책, 구식의 평범한 의미에 해당하는 자신의 죄책을 덮기 위해 공동의 죄책이라는 개념을 이용하지 않도록 조심하십시오. 공동의 죄책은 아무래도 개인의 죄책과 같은 강도로 느껴지지 않을 가능성이 크며, 실제로도 같은 강도로 느껴지지 않는 것이 분명하기 때문입니다. 우리 대부분은 이 개념을 진짜 문제를 회피하기 위한 단순한 핑곗거리로 삼고 있습니다. 자신이 개인적으로 타락했다는 사실을 참으로 깨달은 사람만이 공동의 죄책을 생각하는 단계로 나아갈 수 있을 것이며, 그때에는 공동의 죄책을 놓고 아무리 많이 생각한다 한들 지나치지 않을 것입니다. 그러나 우리는 뛰는 법을

배우기 전에 걷는 법부터 배워야 합니다.

3. 우리는 시간이 흐르면 죄가 말소된다는 이상한 환상을 가지고 있습니다. 다른 사람들뿐 아니라 저 자신 역시 어린 시절에 저지른 잔인한 행동이나 거짓말을 회상하면서, 마치 지금의 내 모습과는 전혀 상관이 없다는 듯 웃음까지 터뜨려 가며 말할 때가 있습니다. 그러나 단순히 시간이 흘렀다고 해서 그런 짓을 했다는 사실이 바뀌는 것도 아니고 죄책이 없어지는 것도 아닙니다. 죄책을 씻어 주는 것은 시간이 아니라 회개와 그리스도의 피입니다. 또 설사 어린 시절의 죄들을 회개했다 해도, 그 죄가 사해지기 위해 어떤 대가가 치러졌는지 기억하고 겸손해야 합니다.

어떤 것으로든 죄지은 사실을 말소시키는 일이 가능하다고 생각합니까? 하나님께는 모든 시간이 영원히 현재입니다. 그러니 하나님께서 그 다차원적인 영원의 한 측면에서, 어린 시절 여러분이 파리 날개를 잡아뽑고 있는 모습을 영원히 보고 계시며, 학생 시절 아첨하고 거짓말하며 정욕에 빠져 있는 모습을 영원히 보고 계시고, 중위로 복무하던 시절 비겁하고 오만했던 순간을 영원히 보고 계신다는 것이 전혀 불가능한 일은 아니지 않습니까?

아마도 구원이란 이처럼 영원한 순간들을 말소시켜 버리는 데 있는 것이 아니라, 완전히 겸손해져서 자기의 부끄러움을 영원히 지고 그 일이 하나님의 긍휼을 드러내는 기회가 되었음을 기뻐하며 온 세상이 그 일을 알게 되는 것을 기꺼워하게 되는 데 있을 것입니다. 아마도 그 영원의 순간에서 성 베드로는—혹 제 생각이 틀렸더라도 그는 저를 용서해 주리라 믿습니다—영원히 주님을 부인하고 있을 것입니다. 그렇다면 천국의 기쁨이란 지금과 같은 상태에 있는 대다수의 사람들에게는 '새로 입에 익혀야 하는 맛'(an acquired taste)—이런 맛을 익히지 못하게 만드는 삶의 방식도 있을 수 있습니다—이라는 것이 참으로 맞는 말일 것입니다. 아마도 구원받지 못한 사람이란 그처럼 **공개된** 자리에 감히 나아가지 못하는 사람이겠지요. 물론 정말 그런지는 잘 모르겠습니다. 그러나 그 가능성만큼은 염두에 둘 가치가 있다고 생각합니다.

4. 우리는 '수가 많으면 안전하다'는 느낌을 경계해야 합니다. '기독교에서 말하듯이 정말 모든 사람이 악하다면 얼마든지 변명의 여지가 있지 않은가'라고 느끼는 것은 자연스러운 일입니다. 만약 모든 학생이 시험에 낙제했다면, 분명 시험이 너무 어려웠던 것이 아니겠습니까? 재학생의 90퍼센트가 같은 시험에 통과한 학교가 있다는 사실을 알기 전에는, 선생님들도 그렇게 느낄 것입니다. 그러나 일단 그런 학교가 있다는 사실을 알고 나면, 시험출제자의 잘못이 아닐 수도 있다는 의심이 생기기 시작할 것입니다.

우리 중 많은 이들은 사회적 고립지대—전반적으로 질이 좋지 않은 학교나 대학이나 부대나 직장—에서 생활해 본 경험을 가지고 있습니다. 그 고립지대 안에는 단순히 정상적인 행동으로 통하는 것들("다들 그렇게 하는걸")과 터무니없이 고결한 체하는 돈키호테 식의 행동으로 통하는 것들이 있었습니다. 그런데 그 좋지 않은 집단을 벗어나 바깥 세상으로 나오고 나면, 그때 '정상적인 행동'으로 통하던 것들이 사실은 교양 있는 사람은 상상도 하지 못할 짓이었고, '돈키호테 식의 행동'으로 통하던 것들도 교양의 가장 낮은 수준에 해당된다는 끔찍한 사실을 발견하게 됩니다. 그 '고립지대' 안에 있을 때에는 양심의 가책을 느낀다는 것이 병적이고 별난 일로 보였습니다. 그런데 이제는 그나마 그런 가책을 느끼던 순간이야말로 유일하게 제정신을 차렸던 때였음을 알게 됩니다.

사실상 인류 전체(인류 전체라고 해도 우주 안에서는 미미한 존재에 불과합니다)가 그러한 악의 고립지대일 수도 있다는 점, 이를테면 최소한의 교양이 영웅적인 미덕으로 통하고 극도의 타락이 봐줄 만한 결함 정도로 통하는 외딴 불량 학교 내지는 군대일 수도 있다는 점을 직시하는 것이 현명합니다. 인류가 정말 그렇다는 증거가 기독교 교리 외에 또 있을까요? 유감스럽게도 또 있습니다.

무엇보다 먼저 우리 중에는 그 고립지대의 기준을 받아들이지 않는 기이한 사람들, 실제로도 아주 판이한 행동을 하는 것이 가능하다는 심상찮은 진실을 증명해 주는 사람들이 존재합니다. 설상가상으로, 이들은 심지어 공간적으로나 시간적으로 서로 동떨어져 있는 경우에도 주요한 부분에서는 서로 일치하는—마치 이 고립지대 밖의 좀더 광범위한 여론과 접촉하고 있기라도 한 것처럼—수상쩍은 기교를 발휘합니다. 차라투스트라와 예레미야, 소크라테스,

부처, 그리스도[39], 마르쿠스 아우렐리우스에게는 공통적으로 나타나는 바가 상당히 많습니다. 셋째로, 우리 중에 이런 행동을 실천하는 사람은 없어도 이론적으로 이런 행동이 옳다는 데에는 다들 동의하고 있습니다. 우리는 고립지대 안에 살고 있지만 정의나 자비, 꿋꿋함, 절제를 **무가치하다고** 말하지는 않습니다. 다만 "우리의 관습 정도면 그런대로 정의롭고 용감하며 절제되고 자비로운 것"이라고 말하는 게 문제일 뿐입니다. 이쯤 되면, 이 불량 학교 안에서조차 무시되고 있는 교칙이 사실은 좀더 큰 세계와 관련되어 있는 것은 아닐까, 그리고 학기가 끝나고 나면 그 좀더 큰 세계의 여론과 직접 맞닥뜨리게 되지 않을까 하는 생각이 들기 시작합니다.

우리가 부닥칠 수 있는 최악의 상황은 다음과 같은 것입니다. 우리는 스스로 실천할 수 없다고 생각하는 수준의 덕을 실천해야만 어떻게든 이 행성에서 인류를 재난으로부터 건져 낼 길이 열린다는 사실에 직면하지 않을 수 없습니다. 결국 외부로부터 '고립지대' 안으로 들어온 것처럼 보이는 그 기준이 사실은 고립지대 내부의 상황과 무서우리만큼 긴밀히 관련되어 있다는 점, 인류 전체가 단 십 년만 꾸준히 덕을 실천한다 해도 지구 이 끝부터 저 끝까지

---

39) 성육신하신 하나님을 인류의 스승들 사이에 포함시킨 것은, 그와 그들 사이의 **주된** 차이가 윤리적 가르침(여기에서 저의 관심사는 이 부분에 있습니다)에 있는 것이 아니라 그 인격(Person)과 직분(Office)에 있다는 사실을 강조하기 위해서입니다.*

평화와 풍요와 건강과 즐거움과 안식으로 가득 찰 정도로 긴밀히 관련되어 있다는 점, 그 기준 외에 다른 것으로는 이런 일이 일어날 수 없다는 점이 드러납니다.

우리가 살고 있는 이곳에서는 군대의 규칙을 사문(死文)이나 실현 불가능한 이상으로 치부하는 관습에 젖어 있을 수도 있습니다. 그러나 지금이라도 멈추어 서서 생각해 보면, 이렇게 규칙을 무시하다가 적군을 만난 사람은 자기 생명을 대가로 치르게 된다는 사실을 즉각 알아챌 수 있습니다. 그때가 되면 이전에 동료들에게 총 쏘는 법과 땅 파는 법, 수통의 물을 아끼는 법 등을 **가르쳐 주었던** 그 '병적인' 인물이나 '융통성 없는' 인물, 또는 '광적인' 인물이 한없이 부러워지겠지요.

5. 제가 지금 인간 사회라는 '고립지대'와 대조시키고 있는 좀더 넓은 사회의 존재를 인정하지 않는 이들이 있다는 것은 사실이며, 어찌 됐든 간에 우리 또한 그 사회를 경험하지 못한 것 또한 사실입니다. 우리는 천사를 만난 적도 없고 타락하지 않은 종족을 만난 적도 없습니다. 그러나 우리 인간 종족의 내부만 들여다보는 것만으로도 어렴풋하게나마 진리를 깨달을 수 있습니다.

각기 다른 시대와 문화들은 서로에게 '고립지대'로 보일 수 있습니다. 각 시대마다 다른 시대에 비해 상대적으로 탁월한 미덕을 가지고 있다는 점은 이미 언급한 바 있습니다. '우리 서유럽의 현대인들은 상대적으로 인도적인 사람들이기 때문에 사실 그렇게 악하다고 할 수는 없다'는 생각이 든다면, 다시 말해서 하나님이 이런 이유 때문에 우리에게 만족하실 것 같다는 생각이 든다면, 과거 잔인한 시대에 살았던 잔인한 사람들이 용기나 순결의 미덕을 탁월하게 지켰다고 한들 과연 하나님이 거기에 만족하실 수 있었겠는가 자문해 보십시오. 결코 그러실 수 없다는 것을 금세 알 것입니다. 선조들의 잔인성이 우리에게 어떻게 보이는지 생각해 볼 때, 우리의 나약함과 세속성과 소심함이 선조들에게는 어떻게 보일는지, 또 선조들과 우리가 각각 하나님의 눈에 어떻게 보일는지 어렴풋이 짐작할 수 있을 것입니다.

6. 제가 '친절'이라는 단어를 입 밖에 냈다는 데 이미 반감을 느낀 독자들이 있을 것입니다. 사실 우리는 점점 더 잔인해지는 시대에 살고 있지 않습니까? 우리는 정말 그런 시대에 살고 있는 것 같습니다. 그러나 저는 우리 시대가 그렇게 점점 더 잔인해지고 있는 것은 모든 덕목을 친절 한 가지로 축소시켜 버리려고 하기 때문이라고 생각합니다.

플라톤Platon이 제대로 가르쳤듯이, 덕은 하나입니다. 즉 다른 덕목들을 모두 갖추고 있지 않은 사람은 친절할 수 없습니다. 여러분이 비겁하고 겁 많고 오만하며 나태함에도 불구하고 다른 사람에게 별 해를 끼치지 않고 살아올 수 있었던 것은, 지금까지 이웃의 복지가 당신의 안전이나 자존심이나 안락함과 충돌을 일으키지 않은 탓일 뿐입니다. 모든 악덕은 결국 잔인함에 이르게 되어 있습니다. 동정심 같은 좋은 감정도 사랑과 정의의 통제를 받지 않으면 분노를 거쳐 잔인함에 이릅니다. 대부분의 사람들은 적이 저지른 잔혹 행위의 소식에 자극을 받아 또 다른 잔혹 행위를 저지릅니다. 억압받는 사람들에게 느끼는 연민 또한 도덕법 전체와 분리될 경우, 지극히 자연스런 과정을 거쳐 공포 정치의 끝없는 만행으로 나아가 버립니다.

7. 현대 신학자들 중에는 기독교를 지나치게 도덕적으로 해석하는 데 반대하는 이들이 있는데, 그것은 아주 옳은 태도라고 할 수 있습니다. 하나님의 거룩함은 도덕적 완벽함을 넘어서는 별개의 것이며, 우리를 향한 그분의 요구도 도덕적 의무의 요구를 넘어서는 별개의 것입니다. 저 또한 이 점을 부인하지는 않습니다. 그러나 공동의 죄책이라는 개념과 마찬가지로 이 개념 역시 정작 중요한 문제를 회피하는 수단으로 이용되기가 아주 쉽습니다. 하나님은 도덕적 선을 넘어서는 분이지 도덕적 선에 못 미치는 분이 아닙니다. 약속의 땅에 이르려면 시내 산을 통과해야 합니다. 도덕법은 초월되기 위해 존재하는 것일 수 있습니다. 그러나 먼저 도덕법의 요구를 인정하고 그 요구에 부응하기 위해 전력을 다 기울여 본 후에 자신의 실패를 정면으로 직시하게 된 사람이 아닌 한, 도덕법을 초월할 수 없습니다.

8. "사람이 시험을 받을 때에 내가 하나님께 시험을 받는다 하지 말지니."[40] 자기 행동의 책임을 스스로 지는 대신 인간 본질에 내재

된 필연성에 전가시키도록 부추기는, 그리하여 간접적으로 창조자에게 그 책임을 전가시키도록 부추기는 사상들이 많이 있습니다. 이런 관점의 대중적인 형태로는 '이른바 악이란 동물 조상들로부터 전해 내려온 피할 수 없는 유산'이라고 주장하는 진화론의 학설이나, '악이란 인간이 지닌 유한함의 결과일 뿐'이라는 관념론의 학설이 있습니다.

제가 바울서신을 제대로 이해하고 있다면, 기독교는 우리 마음 속에 쓰여 있는 도덕법, 즉 생물학적인 차원에서 보더라도 필수적인 것으로 인식되는 도덕법에 완전히 순종한다는 것이 사실상 불가능한 일임을 인정하고 있습니다. 그런데 만약 완전한 순종과 우리 대부분의 삶 사이에 조금이라도 실질적인 연관성이 있는 것이 사실이라면, 인간의 책임과 관련하여 진짜 곤경에 부닥치게 됩니다. 여러분과 제가 지난 24시간 동안 도달하는 데 실패한 순종의 수준은 분명히 우리가 도달할 수 있는 수준입니다. 우리는 궁극적인 문제를 또 다른 회피의 수단으로 삼아서는 안 됩니다.

우리 대부분이 좀더 긴급하게 다루어야 할 사항은 바울의 질문보다는 다음과 같은 윌리암 로우William Law의 간단한 진술에 표현되어 있다고 할 수 있습니다. "잠시 멈추어 서서 자신이 왜 초대교회의 그리스도인들처럼 경건하지 못한지 자문한다면, 무지하거

---

40) 야고보서 1장 13절.*

나 무능력해서가 아니라 전적으로 철저하게 경건해지기를 바라지 않은 탓이라는 자기 마음의 소리를 듣게 될 것이다."[41]

제가 이 장에서 '전적 타락'의 교리를 복권시키려 한다고 생각한다면, 그것은 오해입니다. 저는 전적 타락의 교리를 믿지 않습니다. 왜냐하면 논리적으로 볼 때 우리가 전적으로 타락했다면 스스로 타락했다는 사실 자체를 아예 깨닫지 못할 것이고, 경험적으로 볼 때에도 인간의 본성에는 선한 것이 많기 때문입니다. 또 저는 전 인류에게 침울하게 지내라고 권하는 것도 아닙니다. 수치심은 그 감정 자체로 가치 있는 것이 아니라 그것을 통해 얻게 되는 통찰 때문에 가치 있는 것입니다. 저는 그 통찰이 각 사람의 마음 속에 항상 있어야 한다고 생각합니다. 그러나 그 통찰에 수반되는 고통스러운 감정까지 장려해야 하느냐 하는 것은 영적인 지도가 필요한 전문적인 문제로서, 평신도인 제가 다룰 문제가 아닙니다.

그래도 일단 제 의견을 밝힌다면, 구체적인 죄를 회개하는 데서 나오는 슬픔, 그리하여 구체적으로 자기 잘못을 바로잡거나 남에게 끼친 해를 보상하게 만드는 슬픔이나, 남을 향한 연민에서 솟아나 적극적으로 그를 돕게 만드는 슬픔이 아닌 한, 슬픔은 정말 나쁜 것입니다. 저는 "기뻐하라"[42]는 사도의 명령을 불필요하게 거역하는 것도 다른 죄 못지 않은 죄라고 생각합니다. 겸손은 첫 충격

---

41) 〈엄숙한 부르심 *Serious Call*〉, cap.2.*
42) 빌립보서 4장 4절.

이 지나간 후에는 결국 즐거움을 안겨 주게 되어 있는 미덕입니다. 참으로 슬픈 사람은, 환멸을 거듭 겪으면서도 '인간 본성에 대한 믿음'을 견지하려고 안간힘을 쓰는 고상한 불신자들이지요.

지금 제가 겨냥하고 있는 것은 감정적인 효과가 아니라 지적인 효과입니다. 즉 저는 몇 가지 점에서 볼 때 현재 우리는 하나님 보시기에 끔찍한 피조물이라는 점, 제대로 보기만 한다면 우리가 보기에도 끔찍한 피조물이라는 점을 믿게 하고자 애쓰고 있는 중입니다. 저는 그것을 사실로 믿습니다. 그리고 거룩한 사람일수록 그 사실을 더 충분히 인식하리라고 생각합니다. 아마 여러분은 이런 성자들의 겸손을 하나님이 미소지으며 바라보시는 경건한 환상 정도로 생각했을 것입니다. 이것은 아주 위험한 착각입니다. 이런 생각은 미덕(즉 완전함)과 환상(즉 불완전함)을 동일시하는 터무니없는 짓을 저지르게 한다는 점에서 이론적인 위험을 안고 있습니다. 또한 자신의 부패함을 처음 간파한 순간, 아둔한 자기 머리 둘레에 후광이 둘리기 시작한 것처럼 착각하도록 부추긴다는 점에서 실제로도 위험합니다. 이것은 틀린 생각입니다. 성자들이—이런 성자들조차—스스로 아주 악한 인간이라고 말할 때, 그들은 과학적으로 정확한 진실을 보고하고 있는 것입니다.

도대체 어떻게 해서 사태가 이 지경에까지 이르게 되었을까요? 다음 장에서는 이 질문에 대한 기독교의 답변을 제가 이해하고 있는 만큼 설명하고자 합니다.

제5장 **인간의 타락**

순종은 이성적인 영혼이 마땅히 행해야 할 임무이다.
미셸 드 몽테뉴 Michel de Montaigne, 〈수상록 *Essai*〉, II, xii

앞장에서 제기된 질문에 대한 기독교의 답변은 타락의 교리에 들어 있습니다. 이 교리에 따르자면, 인간이 지금처럼 하나님과 자기 자신에게 끔찍한 피조물이 된 것은 하나님이 처음부터 그렇게 만드셨기 때문이 아니라 인간이 자유의지를 오용하여 스스로 이런 모습을 초래했기 때문입니다. 제 생각에는 이것이 이 교리가 수행하는 단 하나의 기능입니다.

이 교리는 악의 기원에 대한 두 가지 하위 기독교 이론(sub-Christian theories)을 반박하기 위해 존재합니다. 그 한 가지는 일원론으로서, 그에 따르면 '선악의 구분을 초월한' 존재인 하나님이 이른바 선과 악이라는 두 가지 이름으로 불리는 결과물들을 어느 한쪽에 치우침 없이 만들어 냅니다. 또 한 가지는 이원론으로서, 그에 따르면 하나님은 선은 만들어 내지만 그 반대편에는 그와 맞

먹는 독립적인 존재로서 악을 만들어 내는 '힘'(Power)이 있습니다. 기독교는 이 두 가지 입장에 맞서 '하나님은 선한 분이시며, 모든 것을 그들 자신의 유익을 위해 선하게 만드셨고, 그가 만든 선한 것들 중 하나 즉 이성적인 피조물의 자유의지에는 본질상 악의 가능성이 내포되어 있으며, 피조물들은 그 가능성을 틈타 악해졌다고 주장합니다.

이 기능—이것은 제가 인정하는 바 이 교리의 유일한 기능입니다—은 사람들이 종종 내세우는 기능, 즉 저로서는 받아들일 수 없는 두 가지 기능과 구별되어야 합니다. 첫째로, 저는 이 교리가 "창조하는 편이 창조하지 않는 편보다 하나님께 더 좋은 일이었겠는가?"라는 질문에 답을 준다고 생각지 않습니다. 이것은 이미 제가 답하기를 거부했던 질문입니다. 여하튼 이 질문이 의미 있는 질문이라고 치고 대답을 하라면, 하나님을 선한 분으로 믿고 있는 저는 틀림없이 "그렇다"라고 답할 것입니다. 그래도 저로서는 이 질문에 과연 무슨 의미가 있을 수 있는지 의심이 갑니다. 또 설사 의미가 있다 해도, 인간이 의미심장하게 행사할 수 있는 종류의 가치 판단을 통해 그 답을 얻을 수는 없다고 확신합니다.

둘째로, 저는 오래 전 조상들의 과오를 근거 삼아 각 개인을 벌하는 것이 응보적 정의라는 관점에서 '정의롭다'는 사실을 입증하는 일에 타락의 교리를 사용할 수 있다고 생각지 않습니다. 이 교리에 이런 의미가 있는 것처럼 생각하게 만드는 표현을 쓴 사람들이 있긴 하지만, 그들이 정말 이 같은 의미로 그런 표현을 썼느냐 하는 점에는 의심의 여지가 있습니다. 교부들은 우리가 아담의 죄 때문에 벌을 받고 있다고 말할 때가 가끔 있습니다. 그러나 그들이 훨씬 더 자주 하는 말은 **우리가** '아담 안에서' 죄를 지었다는 것입니다.

우리는 그들이 이렇게 말한 의도를 알아 내기가 불가능하다고 생각할 수도 있고, 그들의 의도가 잘못되었다는 판결을 내릴 수도 있습니다. 그러나 저는 그들의 표현 방식을 단순한 '관용어'로 치부하고 넘어가도 된다고는 생각지 않습니다. 현명해서든 어리석어서든 그들은 우리가 **실제로**—단순히 법적 의제[43]에 의해서가 아니라—아담의 행위에 연루되어 있다고 믿었습니다.

물리적인 의미에서 우리가 아담— '불멸하는 생식질'[44]의 첫 전달자로서의 아담— '안에' 있었다고 말함으로써 이러한 믿음을 공식화하려는 시도를 받아들이기 어려울 수도 있습니다. 물론 이런 믿음 자체가 단순한 혼동에 불과한가, 아니면 우리의 정상적인 이해력을 초월하는 영적 실재들을 참으로 꿰뚫어 본 통찰인가 하는 것은 더 깊이 생각해 보아야 할 문제입니다. 그러나 지금 이 자리에서 다룰 문제는 아닙니다. 이미 말했듯이 저는 오래 전 조상들에게

---

43) legal fiction. 성질이 다른 것을 같은 것으로 보고(예를 들어 B의 행위를 A의 행위와 같은 것으로 보고) 법률상 같은 효과를 주는 일.
44) 생식질(germ plasm)은 대대로 자손의 생식세포에 전달되는 원형질의 한 종류이다.

감염된 무능력함이 현대인에게까지 전해 내려왔다는 것을 응보적 정의의 한 견본으로 주장할 생각이 없기 때문입니다.

제가 볼 때 이것은 오히려 제2장에서 살펴본 바, 안정된 세계를 창조하는 데 꼭 필요한 것이 무엇인가를 보여 주는 견본입니다. 물론 인간이 처음 저지른 죄의 결과를 하나님이 기적으로 제해 주실 수도 있었을 것입니다. 그러나 두 번 세 번 계속해서 무한히 죄의 결과들을 제해 주실 준비가 되어 있지 않는 한, 이 일은 우리에게 별 유익이 되지 못합니다. 그 기적만 멈추면 금세 지금과 같은 한탄스러운 상황에 봉착하게 될 테니 말입니다. 또한 세상이 그처럼 계속해서 신의 간섭을 통해 지탱되고 교정된다면, 어떤 중요한 것도 인간의 선택에 달려 있지 않은 세상, 선택이라는 것 자체가 확실성을 잃음으로써 눈앞에 있는 선택사항 중 무엇을 택해도 아무 상관이 없는 세상, 따라서 선택사항이라는 것이 진정한 의미를 잃는 세상이 되어 버릴 것입니다. 이미 살펴본 바대로, 체스게임을 자유롭게 할 수 있으려면 정해진 칸과 말 움직이는 법을 엄격히 지켜야 하는 법입니다.

인간이 타락했다는 교리의 진정한 취지라고 생각하는 바에 대해서는 그만 이야기하기로 하고, 이제 그 교리 자체에 대해 생각해 봅시다. 창세기에는 지식을 주는 마법의 열매에 관한 이야기(가장 심오한 암시로 가득 찬 이야기)가 나옵니다. 그러나 교리의 발전과 함께 열매에 들어 있던 마법의 요소가 사라지면서, 이것은 단순히 인간의 불순종에 관한 이야기가 되어 버렸습니다. 이교 신화에도 지극한 관심을 가지고 있는 제가 성경에 나오는 신화에 더 지극한 관심을 갖는 것은 당연한 일입니다. 그렇기 때문에 저는 이 열매를 그저 유일한 순종의 담보물로 취급하는 쪽의 이야기보다는, 마법의 열매를 강조하며 지식의 나무와 생명 나무를 접합시키는 쪽의 이야기에 더 깊고 미묘한 진리가 담겨 있음을 의심치 않습니다. 그러나 순종을 강조하는 쪽의 이야기 역시 그것대로 참되며 유용하지 않았다면, 지금처럼 교회 안에서 발전되어 위대한 학자들의 승인을 얻도록 성령께서 허용치 않으셨으리라고 생각합니다. 저는 바로 이쪽의 이야기에 대해 논의하고자 합니다. 발전되기 전의 옛 이야기 쪽이 훨씬 더 심오하지 않을까 싶기는 하지만, 저로서는 그 심오한 깊이를 꿰뚫어볼 수 없다는 것을 알기 때문이지요. 저는 독자들에게 절대적인 최선이 아니라 제가 가지고 있는 최선을 드리고자 합니다.

그 발전된 교리에 따르면, 인간은 처음 지음받았을 때에는 완전히 선하고 완전히 행복한 존재였지만 하나님께 불순종함으로써 오늘날 우리가 보는 바와 같은 존재가 되고 말았습니다. 많은 이들은 현대 과학이 이 명제가 거짓임을 증명했다고 생각하고 있습니다. 그들은 "우리는 인간이 덕 있고 행복했던 태곳적 상태에서 타락하기는커녕, 오히려 야수 같고 미개한 상태에서 서서히 향상되어 왔다는 사실을 드디어 깨달았다"고 말합니다. 그러나 제가 보기에 그

들은 완벽하게 혼동하고 있습니다. **야수 같다**(brute)거나 **미개하다**
(savage)는 말은, 때로는 비난에 동원되어 수사적으로 사용되고 때
로는 서술에 동원되어 과학적으로 사용되는 불운한 단어 군(群)에
속합니다. 타락의 교리에 대한 사이비 과학적 반론은 이 두 용법을
혼동한 데서 비롯됩니다.

인간이 야수성에서 벗어나 향상되어 왔다는 말이 육체적으로 동
물의 후손이라는 뜻이라면, 이의를 제기하지 않겠습니다. 그러나
그렇다고 해도 '과거의 인간일수록 더 **야수 같다**'—사악하거나 가
증스럽다는 뜻에서—는 결론이 따라나오는 것은 아닙니다. 물론 동
물에게는 도덕적인 덕이라는 것이 없습니다. 그러나 동물이라고
해서, 인간이 그런 행동을 하면 '사악하다'고 할 종류의 행동만 항
상 하는 것은 아닙니다. 정반대로 그들 중에는 인간이 인간에게 하
듯이 자기 동족을 악하게 대하지 않는 동물들도 있습니다. 모든 동
물들이 우리처럼 탐욕스럽거나 음란한 것은 아닙니다. 더구나 우
리처럼 야심을 품는 동물은 단 하나도 없습니다.

그와 비슷하게, 최초의 인간들은 '미개인'이었다는 말이 그 시
대 문화 유물도 거의 없는데다가 몇 안 되는 그 유물들조차 현대의
'미개인'들이 만든 것처럼 조야하다는 뜻이라면 옳은 말이라고 볼
수도 있습니다. 그러나 그 말이 최초의 인간들은 외설적이고 흉포
하며 잔인하고 믿을 수 없는 사람들이었다는 뜻이라면, 그것은 두
가지 이유에서 사실무근한 주장입니다.

첫째로, 현대의 인류학자들과 선교사들은 현대의 미개인들에 대해서도 그렇게 비우호적으로 묘사하는 태도에 전 세대보다 더 동의하지 않고 있습니다. 둘째로, 초기의 인간들이 남긴 물건을 근거로 그들이 우리 시대에 그와 비슷한 것을 만드는 사람들과 모든 점에서 똑같았다고 주장할 수는 없습니다.

우리는 여기에서 선사 시대 인간에 대해 연구하는 사람들이 으레 빠지기 쉬운 환상에 빠지지 않도록 경계해야 합니다. 선사 시대 인간은 그야말로 선사 시대에 살았기 때문에, 우리는 그가 남긴 물건—그가 남긴 물건이라기보다는 '비교적 튼튼한 것들 중에서도 운 좋게 남아 우리에게 발견된 물건'이라고 하는 편이 맞겠지요—을 통해서만 그에 대해 알 수 있습니다. 좀더 나은 증거가 없다는 것이 고고학자들의 잘못은 아닙니다. 그러나 이처럼 증거가 부족하다 보니 마땅한 수준을 넘어 추론하고 싶은 유혹, 더 우수한 물건을 만든 집단일수록 모든 면에서 더 우수하다고 가정하고 싶은 유혹을 계속 받게 되는 것입니다.

그러나 이 가정이 틀렸다는 것은 누구나 알 수 있습니다. 이 가정에 따른다면 우리 시대 유한계급이 빅토리아 시대 유한계급보다 모든 면에서 더 우수하다는 결론이 나올 테니 말입니다. 분명한 사실은, 가장 형편없는 도자기를 만든 선사 시대 인간이 가장 훌륭한 시를 썼는데 우리가 그것을 모르고 있을 수도 있다는 것입니다. 선사 시대 인간과 현대의 미개인을 비교해 보면 이 가정의 불합리성이 더 확실히 드러납니다. 똑같이 조잡한 물건들을 만들었다고 해서, 그 제작자들의 지성이나 덕에 대해서까지 알 수 있는 것은 아닙니다. 시행착오를 통해 습득되는 일일 경우, 어떤 특질을 가진 초심자가 만든 물건이든 처음에는 다 조잡할 수밖에 없습니다. 똑같은 도자기라도 세계 최초의 도자기일 경우에는 그것을 만든 이가 천재임을 입증하는 물건이 되겠지만, 도자기 제작이 시작된 지 수천 년 후에 만들어진 것이라면 제작자가 저능아임을 입증하는 물건이 될 것입니다.

원시인에 대한 현대인들의 평가는 전부 우리 문명이 공동으로 저지르고 있는 큰 죄, 즉 인공물(artefacts) 숭배에 기초하고 있습니다. 우리는 마취제를 제외하고 지금까지 발견된 유용한 것들을 모두 선사 시대 선조들이 발견해 냈다는 사실을 잊고 있습니다. 언어, 가족, 의복, 불의 사용, 가축 기르기, 바퀴, 배, 시, 농업은 다 그들 덕분에 누리게 된 것들입니다.

이처럼 과학으로는 타락의 교리를 입증할 수도, 부인할 수도 없습니다. 이 주제를 연구하는 학생이라면 누구나 큰 신세를 지게 마련인 현대 신학자 한 사람은 이보다 좀더 철학적인 난제를 제기한 바 있습니다.[45] 그는 죄라는 개념이 가능하려면 위반할 법이 있어야 한다고 지적했습니다. 그런데 인간의 '집단 본능'이 관습으로

---

45) N. P. 윌리엄스 N. P. Williams, 〈타락과 원죄의 개념 *The Ideas of the Fall and of Original Sin*〉, 516.*

구체화되고 그 관습이 법으로 굳어지기까지는 수세기가 걸렸을 것이므로, 최초의 인간—이렇게 불러도 되는 존재가 있었다면—이 최초의 죄를 범할 수가 없다는 것입니다.

이러한 주장에는 덕과 집단 본능은 일반적으로 일치하며, '최초의 죄'는 본질적으로 **사회적인** 죄였다는 가정이 깔려 있습니다. 그러나 전통 교리는 최초의 죄가 이웃에 대한 죄가 아니라 하나님께 대한 죄, 즉 하나님께 불순종한 행위였다고 말합니다. 또한 진정한 의미에서 타락의 교리를 견지하려면, 사회적인 도덕의 수준보다 더 깊은 수준, 시대를 초월한 수준에서 가장 큰 죄를 찾아야 하는 것이 분명합니다.

성 아우구스티누스 Aurelius Augustinus는 이 죄를 교만의 결과, 즉 피조물(그 존재 원리가 자기 자신이 아닌 다른 데 있는, 본질적으로 의존적인 존재)이 제 자리를 벗어나 자립하여 제 힘으로 존재하려 한 결과로 묘사했습니다.[46] 그러한 죄를 짓는 데에는 복잡한 사회적 조건이나 광범위한 경험이나 커다란 지적 발전이 필요치 않습니다. 피조물이 하나님을 하나님으로 인식하고 자기 자신을 자아로 인식하는 순간, 하나님을 자기의 중심으로 택하느냐 자아를 중심으로 택하느냐 하는 무서운 양자택일의 길이 열리는 것입니다.

이것은 세련된 사람들뿐 아니라 어린아이나 무식한 농부들도 매

---

46) 〈하나님의 도성 De Civitate Dei〉, XIV, xiii.*

일 짓는 죄이며, 사회 속에서 사는 사람들뿐 아니라 홀로 떨어져 사는 사람들도 매일 짓는 죄입니다. 이것은 모든 개인의 삶에 나타나는 타락, 즉 각 개인의 삶에 매일 나타나는 타락으로서, 모든 개별적인 죄들의 배후에 자리잡고 있는 근본적인 죄입니다. 바로 이 순간에도 여러분과 저는 이 죄를 짓고 있거나, 막 지으려고 하고 있거나, 이 죄 지은 것을 회개하고 있습니다. 우리는 아침에 눈을 뜨면서 새로 맞이한 하루를 하나님의 발 아래 내려놓고자 합니다. 그러나 면도를 채 끝내기도 전에 그날은 **내** 날이 되어 버리고, 하루 중 하나님께 드리는 몫은 마치 '내' 지갑에서 꺼내 드리는 세금이나 마땅히 '내' 것이라고 생각되는 시간에서 공제해 드리는 부분처럼 느껴지기 시작합니다.

어떤 사람이 소명 의식을 가지고 새 일을 시작할 때, 처음 한 주간은 그 소명을 수행하는 것을 주된 목적으로 삼는 한편 하나님이 주시는 즐거움과 수고는 '부수적인 요소'로 받아들일 것입니다. 그러나 둘째 주가 되면 '요령'을 터득하기 시작합니다. 그리고 셋째 주쯤 되면 그 일을 전부 뒤적거리면서 자신을 위한 계획을 세우게 되고, 그 계획대로 할 수 있을 때에는 단지 자기 권리를 행사하고 있는 것처럼 생각되지만 계획대로 할 수 없을 때에는 마치 간섭당하고 있는 듯한 느낌을 받게 됩니다.

전혀 계산되지 않은 충동, 욕망뿐 아니라 선의로 가득 차 있으며 하나님을 저만큼 밀어놓게 만들지 않는 충동에 따라 연인을 끌어

안은 사람은 짜릿한 성적 쾌락을 누리는 아주 순수한 경험을 합니다. 그러나 두번째 포옹은 이미 맛본 쾌락을 염두에 둔 행동이나 목적을 위한 수단으로 변질될 수 있으며, 동료 피조물을 하나의 물건, 즉 자신의 쾌락을 위한 도구처럼 취급하는 지경으로 내리닫는 첫걸음이 될 수 있습니다.

이처럼 순수한 아름다움과 순종의 요소와 자기 앞에 닥친 일을 기꺼이 받아들이는 자세는 행동이 거듭될 때마다 조금씩 퇴색해 갑니다. 처음에는 하나님을 위해 시작된 사상—지금 우리가 하고 있는 일처럼—도 시간이 지나면 그 자체가 목적이 되고, 그 후에는 사고하는 즐거움이 목적이 되며, 급기야 우리의 자존심이나 명성이 목적이 되어 버립니다. 종일토록, 그리고 평생토록 우리는 이렇게 계속 아래로—현재 우리의 의식 상태에 대해 마치 하나님이 발 걸칠 데 없이 미끄러운 경사면이라도 되시듯이—미끄러지고 떨어집니다. 실제로 지금 우리는 미끄러지고 떨어질 수밖에 없는 본성을 가지고 있고, 따라서 죄를 짓지 않을 수 없으므로 얼마든지 용서받을 만하다고 생각할 수도 있습니다. 그러나 하나님이 처음부터 우리를 이렇게 만드셨을 리는 없습니다. 우리가 생각하기에도 하나님으로부터 멀어지도록 끌어당기는 인력(引力), 즉 '평소의 자아로 회귀하는 여정'은 타락의 산물인 것이 분명합니다. 인간이 타락했을 때 정확히 어떤 일이 일어났는지 우리는 모릅니다. 그러나 만약 추측이 허용된다면, 저는 다음과 같은 묘사—있을 수 없는 이야기라는 뜻에서 '신화'가 아니라 소크라테스가 말하는 뜻에서 '신화'[47] —를 제시해 보고자 합니다.

오랜 세월에 걸쳐 하나님은 자신의 형상과 인간성의 매개체가 될 동물의 형태를 완성시키셨습니다. 그는 엄지손가락이 각 손가락에 닿을 수 있는 손과 언어를 발음할 수 있는 턱, 치아, 목, 이성적인 사고를 구체화하는 물리적 동작을 전부 수행할 수 있을 만큼 복잡한 뇌를 그 형태에 부여하셨습니다. 그 피조물은 인간이 되기 전 오랫동안 이런 상태로 존재했을 것입니다. 그 피조물은 현대의 고고학자가 인간성의 증거로 받아들일 만한 물건들을 만들 만큼 똑똑했을 수도 있습니다. 그럼에도 불구하고 그 피조물이 여전히 동물에 불과했던 이유는, 그의 모든 육체적, 심리적 작용이 순전히 물질적이고 자연적인 목적에 따라 움직이고 있었기 때문입니다.

이윽고 때가 이르자 하나님은 이 유기체의 심리적, 생리적 기능에 새로운 종류의 의식(意識), 즉 '나'라고 말할 수 있고 자기 자신을 대상화할 수 있으며 하나님을 알고 진선미를 판단할 뿐 아니라 시간 너머에서 시간이 흘러 지나가는 것을 인식할 수 있는 새로운 의식이 임하게 하셨습니다. 유기체 전체를 지배하고 조명하며 모든 부분을 빛으로 충만케 했던 이 새로운 의식은, 지금 우리의 경우와는 달리 그 유기체의 한 부분, 즉 뇌에서 진행되는 활동의 하

---

47) 즉 **역사적 사실일 수도 있는** 이야기. 니부어 Reinhold Niebuhr 박사가 말하는 신화(즉 비역사적 진리의 상징적 재현)와 혼동하지 마시기 바랍니다. *

나에 국한되지 않았습니다. 그때의 인간은 존재 전체가 곧 의식이었습니다.

현대의 요가 수행자는 소화나 혈액순환처럼 우리에게는 거의 외부세계에 속한 것이나 다름없는 기능들을 마음대로 통제할 수 있다고—그 주장이 거짓이든 참이든 간에—주장합니다. 최초의 인간에게는 이러한 능력이 탁월하게 나타났습니다. 몸의 기관들은 자연법칙이 아니라 그 자신의 의지의 법칙에 따라 작용했습니다. 그 기관들은 강제가 아닌 선택에 따라 자신들의 욕구를 의지의 법정으로 올려 보냈습니다. 잠은 지금 우리가 경험하는 바와 같은 무감각 상태가 아니라 의지로 선택하는 의식적인 휴식이었고, 최초의 인간은 여전히 깨어 있는 상태에서 잠의 쾌락과 의무를 누렸습니다. 신체조직들이 쇠퇴하고 회복하는 과정들도 이와 비슷하게 의식적으로 그의 의지에 따랐을 것이므로, 수명 역시 대부분 그의 재량에 달려 있었을 것이라고 가정하는 것도 그리 허황된 상상은 아닐 것입니다.

이처럼 자기 자신을 전적으로 제어할 수 있었던 태초의 인간은 자신이 접촉하는 모든 하위 생명체들도 제어할 수 있었습니다. 지금도 짐승들을 길들이는 데 신비한 능력을 발휘하는 사람들이 드물지만 있습니다. 낙원의 인간은 이러한 능력을 탁월하게 발휘했습니다. 짐승들이 아담 앞에서 장난치며 다정히 구는 장면을 그린 옛 그림은 순전한 상징이 아닐 수도 있습니다. 지금도 여러분의 예상보다 많은 동물들이 적당한 기회만 주어진다면 기꺼이 인간을 숭배할 것입니다. 인간은 동물들의 제사장, 심지어 어떤 의미에서는 동물들의 그리스도가 되도록—동물들이 인간이라는 중재자를 통해 이성 없는 본성이 허용하는 한도 내에서 하나님의 찬란한 영광을 깨닫게 되도록—지음받았기 때문입니다.

그 인간에게 하나님은 미끄러운 경사면이 아니었습니다. 그의 새 인식은 창조자에게 기대어 쉴 수 있게 하려고 주어진 것이었고, 그는 실제로 그 쉼을 누렸습니다. 그는 자기 동료들(혹은 동료 한 사람)과 사랑과 우정과 성적인 애정을 나누는 가운데 풍성하고 다양한 경험을 하면서도, 또 그제서야 처음으로 아름답고도 무섭게 다가오기 시작한 주변세계나 짐승들과 더불어 풍성하고 다양한 경험을 하면서도, 늘 하나님을 자기 사랑과 생각의 첫자리에 두었습니다. 그는 그렇게 하기 위해 힘겹게 노력할 필요가 없었습니다. 존재와 능력과 기쁨이 선물의 형태로 하나님에게서 인간에게로 내려와, 사랑에서 우러난 순종과 황홀한 숭배의 형태로 인간에게서 하나님께로 돌아가는 완벽한 순환이 이루어졌습니다. 전적인 의미에서는 아니지만 이러한 의미에서 그때의 인간은 진정한 하나님의 아들이요 그리스도의 원형이었습니다. 그는 우리 주님이 십자가에서 고통을 겪으며 보여 주신 아들의 자기 양도(self-surrender) 행위를, 모든 기능과 감각에 걸쳐 기쁨과 편안함을 누리며 완벽하게 보여 주었습니다.

그가 만든 물건뿐 아니라 언어를 보아도, 이 복된 창조물은 미개인인 것이 확실했습니다. 경험과 실습을 통해 배울 수 있는 것들은 그 역시 그 방법으로 배워야 했습니다. 만약 그가 부싯돌을 깎아 만들었다면, 아주 볼품없이 만들었을 것이 분명합니다. 그는 낙원의 경험을 개념의 형태로 표현할 능력이 전혀 없었을 것입니다. 그러나 이 모든 것은 전혀 문제가 되지 않습니다. 우리는 어른들이 무언가를 '이해할' 나이가 안 되었다고 치부하던 어린 시절에 이미 영적인 경험을 했던 기억, 사실적인 경험만큼 풍부하지는 못해도 그 이후 겪은 어떤 경험 못지않게 순수하고 중대한 경험을 했던 기억들을 가지고 있습니다. 우리는 배운 사람이나 어른이라고 해서 단순한 사람이나 어린아이에 비해 하나도 유리할 것이 없는 차원—결국 중요하게 남을 단 하나의 차원—이 있다는 사실을 기독교에서 배웁니다. 만약 그 낙원의 인간이 우리 앞에 나타난다면, 우리는 그를 철저한 미개인이요 이용해 먹을 대상으로, 아니면 기껏해야 보호해 주어야 할 대상으로 여길 것이 확실합니다. 오직 한두 사람, 우리 중 가장 거룩한 사람들만이 그 말 느리고 수염 덥수룩한 벌거숭이에게 한 번 더 눈길을 줄 것이고, 몇 분 만에 그 발 앞에 무릎을 꿇게 되겠지요.

우리는 하나님이 이러한 피조물을 얼마나 많이 만드셨는지, 또 그들이 얼마 동안이나 낙원의 상태에서 살았는지 알지 못합니다. 그들은 얼마 가지 않아 타락했습니다. 누군가 혹은 무언가가 그들에게 신이 될 수 있다고―삶의 방향을 더 이상 창조자에게 맞추지 않아도 된다고, 그들이 누리는 모든 즐거움을 계약과 상관없는 자비의 선물로 여기지 않아도 된다고, '즐거움을 추구하는 삶에서 이런 즐거움을 얻는 것이 아니라 하나님을 숭배하는 삶의 과정에 따르는 '부산물'(논리적 의미에서)로서 이런 즐거움을 얻게 된다'는 생각 따위는 하지 않아도 된다고―속삭였습니다.

어린 아들이 제 주머니에 넣어 두고 그 한도 안에서 예산을 세울 수 있는 용돈을 아버지에게 규칙적으로 받고 싶어하듯이(아버지도 결국 동료 피조물이므로 이것은 정당한 바람입니다), 그들도 독립적인 존재가 되어 자기 미래를 책임지며 쾌락과 안전을 얻기 위해 계획을 세우고 **내 것**(meum)을 갖게 되기를 열망했고, 시간과 관심과 사랑이라는 측면에서 하나님께 적당한 세금을 바치기는 하겠지만 그럼에도 불구하고 하나님의 것이 아닌 자기 것을 갖게 되기를 열망했습니다. 우리 식대로 말하자면 "제 영혼을 제 것으로 삼기" 원했던 것입니다.

그러나 그것은 거짓된 삶을 살고 싶다는 뜻입니다. 우리의 영혼은 실제로 우리 것이 아니기 때문입니다. 그들은 하나님께 "여기는 당신 소관이 아니라 제 소관입니다"라고 말할 수 있는 곳을 우주 안에 한 구석이라도 얻게 되기를 바랐습니다. 그러나 그런 구석이라는 것은 있을 수 없습니다. 그들은 명사가 되기 바랐지만, 실제로는 형용사에 불과하며 영원히 형용사일 수밖에 없는 존재였습니다. 이처럼 모순되고 실현 불가능한 소원이 구체적으로 어떤 하나의 행위 또는 일련의 행위로 표출되었는지 우리는 알지 못합니다. 저는 그 소원이 문자 그대로 어떤 과일을 먹은 일과 관련이 있으리라 생각하지만, 그것은 중요한 문제가 아닙니다.

이처럼 피조물이 자기 고집대로 하려 든 것은 피조물의 참 신분을 아주 벗어나는 행위로서, '타락'이라 할 수 있는 유일한 죄입니다. 최초의 죄를 생각할 때 어려운 점은, 그것이 아주 극악무도한 것—그렇지 않았다면 이렇게 끔찍한 결과를 낳지 않았겠지요—인 동시에, 타락한 인간이 받는 유혹으로부터 자유로운 존재도 범할 수 있음직한 것이어야 한다는 데 있습니다. 그런데 하나님으로부터 자아로 방향을 바꾼 일은 이 두 가지 조건을 다 충족시킵니다.

이것은 낙원의 인간도 저지를 수 있는 죄입니다. 자아가 존재한다는 사실 자체—우리가 자신을 가리켜 '나'라고 부를 수 있다는 사실 자체—에 자아 숭배의 위험성이 처음부터 내포되어 있기 때문입니다. 나는 그야말로 나이므로, 나 자신이 아닌 하나님을 향해 살려면 아무리 사소하고 쉬운 경우에도 반드시 자기를 양도하는 행위를 해야 합니다. 이렇게 표현해도 된다면 이것은 피조물의 본질 자체가 지닌 '약점'으로서, 하나님은 그 위험을 감수할 가치가 있다고 생각하신 것 같습니다.

또한 최초의 죄는 아주 극악무도한 죄였습니다. 왜냐하면 낙원의 인간이 포기했어야 하는 자아에는 포기되기를 완강히 거부하는 천성이 아직 생기지 않았기 때문입니다. 이를테면 그의 **데이터**는, 의지에 전적으로 복종하는 심신(心身) 유기체와 강요받지 않아도 기꺼이 전적으로 하나님을 지향하는 의지로 이루어져 있었습니다. 타락하기 전의 '자기 양도'는 갈등을 의미하는 것이 아니라, 기꺼이 극복당할 준비가 되어 있는 극미량의 자기 집착을 즐겁게 극복해 내는 일을 의미했습니다. 우리는 제가끔 열광적으로 자기를 포기하려 드는 연인들에게서 이와 비슷한 현상을 희미하게나마 발견할 수 있습니다. 따라서 낙원의 인간에게는 '자아란 곧 **그** 자신을 가리킨다'는 있는 그대로의 사실이 있었을 뿐, 자아를 선택하려는 **유혹**(지금 우리가 말하는 의미의 유혹), 즉 집요하게 그 방향으로 나아가고자 하는 경향이나 열정이 없었습니다.

타락의 순간에 이르기 전까지는 인간의 영혼이 유기체를 완전히 통제하고 있었습니다. 그 영혼은 더 이상 하나님께 순종하지 않더라도 이런 통제력을 유지할 수 있으리라고 기대했을 것이 분명합니다. 그러나 그 영혼이 유기체에 행사했던 권위는 위임받은 권위로서, 하나님의 대리자 역할을 포기하는 순간 상실되는 것이었습니다. 그는 자기 존재의 원천으로부터 자신을 최대한 단절시킴으로써 능력의 원천에서도 자신을 단절시켜 버렸습니다.

피조물의 세계에서 'A가 B를 다스린다'는 말은 곧 '하나님이 A를 통해 B를 다스리신다'는 뜻입니다. 저는 하나님이 자신에게 저항하는 인간 영혼을 **통해** 계속해서 유기체를 다스린다는 것이 본질적으로 가능한 일인지 의심스럽습니다. 여하튼 하나님은 그렇게 하시지 않았습니다. 그는 영혼의 법칙이 아니라 자연의 법칙에 따라 좀더 외적인 방식으로 유기체를 다스리기 시작하셨습니다.[48] 그리하여 유기체의 기관들은 인간 의지의 지배를 받는 대신 정규 생화학 법칙의 통제 아래 들어가게 되었고, 고통과 노쇠와 죽음이라는 부분에서 그 법칙들이 상호작용을 통해 야기시키는 결과들을 모두 겪게 되었습니다. 또한 욕망도 이성의 선택에 따라 인간의 마음에 들어오는 것이 아니라, 오직 주변에 있는 생화학적인 사실들이 유발시키는 대로 들어오게 되었습니다. 인간의 정신 자체도 심리적 연상법칙과 하나님이 고등 유인원들의 심리를 다스리기 위해 만드신 심리법칙들의 통제를 받기 시작했습니다. 단순한 자연의 해일(海溢)에 휩싸인 의지 또한 새롭게 밀어닥친 몇몇 사고와 욕망을 온힘을 다해 몰아내는 수밖에는 다른 길이 없어졌고, 이처럼 불편한 저항으로 인해 현재 우리가 알고 있는 바와 같은 잠재의식이 형성되기에 이르렀습니다.

제 생각에 이 과정은 지금 한 개인이 겪을 수 있는 단순한 타락과는 양립될 수 없는 성질의 것입니다. 그것은 **종**(種)의 지위를 상

---

48) 이것은 후커 Richard Hooker의 법 개념을 발전시킨 것입니다. 여러분이 여러분 **본연의 법**(즉 하나님이 여러분 같은 존재를 위해 만드신 법)을 따르지 않는다는 것은 곧 하나님이 만드신 더 낮은 차원의 법들 중 하나를 따르게 된다는 뜻입니다. 예컨대 미끄러운 포장도로를 걸을 때 신중함의 법을 소홀히 하는 즉시 중력의 법칙을 따르게 되는 것과 같습니다.*

실하는 과정이었습니다. 인간은 타락함으로써 인간 특유의 고유한 본성을 상실해 버렸습니다. "너는 흙이니 흙으로 돌아갈 것이니라."[49] 영적인 생명 안으로 끌려 올라갔던 전(全) 유기체는 그렇게 끌려 올라가기 전—먼 옛날 창조 이야기에서 하나님이 식물의 생명을 동물의 매체가 되도록 끌어올리시고, 화학적 과정을 식물의 매체로 끌어올리시며, 물리적 과정을 화학적 과정의 매체로 끌어올리신 것처럼—처음 지음받았던 당시의 단순한 자연적 상태로 다시 추락해 버렸습니다. 그리하여 인간의 영혼은 인간 본성의 주인 자리에서 자기 집에 하숙하는 신세로, 더 나아가 죄수의 신세로 전락하고 말았고, 이성의 의식은 현재와 같은 상태—대뇌 작용의 한 작은 부분에 의존하여 꺼졌다 켜졌다 하는 스포트라이트 상태—가 되어 버렸습니다.

그러나 이처럼 영혼의 능력에 한계가 생긴 일이 영혼 그 자체의 부패보다 더 큰 해악이라고 할 수는 없었습니다. 인간의 영혼은 하나님께 등을 돌리고 스스로 우상이 되어 버림으로써, 지금도 여전히 하나님께 돌아갈 수 있음에도 불구하고[50] 고통스러운 노력을 기울여야만 그렇게 할 수 있게 되었으며 그 성향도 자기 중심적인 것

---

49) 창세기 3장 19절.
50) 신학자들은 제 의도가 '펠라기우스-아우구스티누스 논쟁'에 일조하려는 것이 아님을 알아챌 것입니다. 저는 지금이라도 하나님께 돌아가는 일이 불가능하지 않다는 뜻에서 이 말을 한 것일 뿐입니다. 저는 사람이 하나님께 돌아갈 때 주도권이 어디에 있느냐 하는 문제에 대해서는 아무 의견도 제시하지 않았습니다.*

이 되어 버렸습니다. 그리하여 자만심과 야망, 자기 눈에 보암직한 사람이 되고자 애쓰는 동시에 경쟁자를 깔아뭉개려는 욕망, 시기, 더 확실한 안전을 얻기 위한 쉼 없는 추구야말로 인간의 영혼이 가장 쉽게 취할 수 있는 태도가 되었습니다.

영혼은 본성을 다스릴 힘이 없는 무력한 왕일 뿐 아니라 악한 왕이 되었습니다. 영혼은 심신 유기체가 영혼으로 올려 보내는 욕망보다 훨씬 더 악한 욕망을 그 유기체로 내려 보냈습니다. 이런 상태는 유전에 의해 이후의 모든 세대에 전달되었습니다. 왜냐하면 그것은 생물학자들이 말하는 획득형질에 불과한 것이 아니었기 때문입니다. 그것은 새로운 종류의 인간이 출현했다는 것을 의미했습니다. 하나님이 결코 만드신 바 없는 새로운 종(種)이 죄를 통해 스스로 생겨난 것입니다. 인간이 겪은 그 변화는 단순히 새로운 습관을 발전시키는 경우와는 비교할 수도 없는 것이었습니다. 그것은 인간의 체질이 근본적으로 변경된 사건이었고, 그 구성요소들 간의 관계가 교란된 사건이었으며, 그 요소들 중 하나가 내부에서 뒤틀려 버린 사건이었습니다.

하나님이 기적으로 이런 과정을 저지하실 수도 있었을 것입니다. 그러나 그렇게 하셨다면 하나님이 세상을 창조할 때 스스로에게 내신 문제—다소 불경스러운 은유이기는 하지만—, 즉 자유로운 행위자들이 포함된 세계의 전체 드라마를 통해 그들의 반란에도 불구하고, 아니 오히려 그 반란을 사용하여 자신의 선함을 표현해야 한다는 문제를 풀기 거부하시는 격이 되었을 것입니다. 드라마나 교향악이나 춤이라는 상징을 사용하면, '하나님께서 세상이 선을 향해 나아가도록 계획하고 창조하셨음에도 불구하고 피조물이 자유의지로 그 선한 목적을 좌절시켰다' 는 점을 지나치게 강조할 때 생길 수 있는 불합리를 바로잡는 데 도움을 받을 수 있습니다. 이 불합리는 인간의 타락이 하나님을 놀래켰으며 그의 계획을 좌절시켰다는 식의 우스꽝스러운 생각이나, 하나님이 처음부터 실현되지 못할 것을 잘 알고 계시던 조건들을 붙여 일을 계획하셨다는 생각—이것은 더 우스꽝스러운 생각이지요—을 불러일으킬 수 있습니다. 물론 하나님이 첫번째 성운(星雲)을 창조하실 때 이미 십자가를 내다보고 계셨다는 것은 사실입니다. 세상은 하나님에게서 내려오는 선이 창조물에게서 올라오는 악에 의해 교란되는, 그러나 악 때문에 고통받는 자연을 하나님이 떠맡으심으로써 그 교란으로 인한 갈등이 해결되는 일종의 춤입니다. 인간이 자유의지로 타락했다는 교리는, 이처럼 좀더 복잡한 이차적 선의 연료 내지는 원료를 만들어 내는 악을 제공한 주체가 하나님이 아닌 인간이라고 단언합니다. 그렇다고 해서 인간이 무죄한 상태로 남았을 경우, 하나님이 지금과 같이 훌륭한 교향악을 완성시키지 못하셨으리라는 뜻은 아닙니다. 그런 질문들에 굳이 대답을 하자면 위와 같이 말할 수 있다는 것일 뿐이지요.

그러나 일어났을지도 모르는 일, 전체 현실 바깥에서 일어날 수도 있는 우발적인 일에 대해 말할 때에는 사실상 우리가 잘 모르는 경우를 놓고 말하고 있다는 점을 늘 염두에 두어야 합니다. 이 모든 일이 '일어날 수 있는' 또는 '일어났을 수도 있는' 시간이나 장소, 현존하는 우주 바깥의 시간이나 장소란 존재하지 않습니다. 저는 인간의 진정한 자유에 대해 가장 의미 있게 진술하는 방식은 "설사 실제 우주의 어떤 곳에 인간 외에 이성적인 종이 또 있다고 해도, 그들 역시 꼭 타락했을 것이라고 볼 필요는 없다"고 말하는 것이라고 생각합니다.

이렇게 볼 때 인간의 현재 상태는 '우리는 한 부패한 종(種)의 일원'이라는 사실로 설명됩니다. 이것은 우리가 필연적으로 지금과 같은 존재가 될 수밖에 없는데도 공연히 벌을 받아 고통을 받고 있다는 뜻도 아니고, 먼 옛날 조상이 저지른 반역에 대해 애꿎은 우리가 도덕적인 책임을 지고 있다는 뜻도 아닙니다. 그럼에도 불구하고 제가 인간의 현재 상태를 단순히 '원(原)불행'이라고 부르지 않고 '원죄'라고 부르는 것은, 우리가 실제로 겪고 있는 종교적인 경험상 다른 표현을 쓸 여지가 없기 때문입니다. 제가 생각하기에 이론적으로는 이런 말을 할 수도 있을 것 같습니다. "그래, 우리는 벌레처럼 행동하고 있지. 하지만 그건 우리가 **원래** 벌레이기 때문이야. 어쨌든 그게 우리 잘못은 아니잖아." 그러나 우리가 벌레라는 사실은 변명거리를 제공해 준다기보다는, 우리가 벌레이기 때문에 저지르게 되는 특정 행동들보다 더 큰 수치와 비탄을 안겨 줍니다.

이것은 어떤 이들의 주장처럼 그렇게 이해하기 힘든 상황이 아닙니다. 이것은 대단히 나쁜 환경에서 자란 아이가 점잖은 집안에 처음 가게 될 때 늘 벌어지는 상황입니다. 그 집안 사람들은 이 아이가 싸움 잘 하고 비겁한데다가 고자질쟁이에 거짓말쟁이인 것이 '이 아이의 잘못은 아니다' 라고 당연히 생각합니다. 그러나 아무리 사정이 그렇다 해도 이 아이의 현재 성품은 혐오스러운 것임이 분명합니다. 그들은 그 성품을 싫어하며, 사실 그런 성품은 싫어해야 마땅합니다. 그들은 이 아이의 현재 모습을 사랑할 수 없습니다. 오직 이 아이를 지금과 다른 모습으로 바꾸기 위해 노력할 수 있을 뿐입니다. 우리는 한편으로 아이가 그런 환경에서 자란 것은 정말이지 불행이라고 생각함에도 불구하고, 마치 아이와 아이의 성품이 별개의 것인 양 그 성품에 대해서도 '불행' 이라고 말할 수는 없습니다. 싸움 잘 하고 고자질 잘 하며 그런 짓을 즐기는 주체는 바로 그 아이—그 아이 자신—입니다. 만약 그 아이가 마음을 고쳐먹는다면 자기가 이제 막 그만 둔 행동들에 대해 수치심과 죄책감을 느낄 것이 틀림없습니다.

이로써 저는 타락이란 주제에 대해 제가 다룰 수 있다고 생각하는 유일한 수준에서 할 수 있는 말을 다 했습니다. 그러나 다시 한 번 일러두거니와, 이 수준은 얕은 수준입니다. 우리는 분명 커다란 신비를 감추고 있을 생명 나무와 지식의 나무에 대해서는 아무 이야기도 하지 않았습니다. 또 "아담 안에서 모든 사람이 죽은 것같이 그리스도 안에서 모든 사람이 삶을 얻으리라"[51]는 바울의 진술에 대해서도 아무 이야기를 하지 않았습니다. 우리가 육체적으로 아담의 허리에 있었다는 교부들의 교리나, 법적 의제에 따라 고난받으신 그리스도 안에 포함되었다는 안셀무스Anselmus의 교리는 바로 이 구절에서 나온 것입니다. 그 당시에는 도움이 되었을 이 이론들이 저에게는 도움이 되지 않지만, 그렇다고 제가 다른 이론을 만들어 낼 생각은 없습니다.

최근에 과학자들은 진짜 우주가 그림으로 묘사되길 기대할 수는 없으며, 양자 물리학을 설명하기 위해 마음속으로 그림을 그리는 것은 실재에 접근하는 길이 아니라 실재에서 멀어지는 길이라고 말한 바 있습니다.[52] 그렇다면 가장 지고한 영적인 실재들이 그림으로 묘사되길 바랄 수는 더더욱 없으며, 그렇다고 우리의 추상적 사고를 통해 설명되길 바랄 수도 없습니다. 저는 바울의 진술을 이해하기 어렵게 만드는 것은 바로 '안에서'라는 말로서, 신약성경에 거듭 등장하는 이 말이 우리가 완전히 이해하지 못하는 의미로 사용되고 있음을 알게 되었습니다. 제가 보기에 우리가 아담 '안에서' 죽을 수 있고 그리스도 '안에서' 살 수 있다는 말에는, '실제 인간은 우리의 사고 범주와 삼차원적인 상상력으로 재현해 낸 인

---

51) 고린도전서 15장 22절. *
52) 제임스 진스 Sir James Jeans, 〈신비한 우주 *The Mysterious Universe*〉, cap.5. *

간과 상당히 다르다'는 점이 암시되어 있습니다. 다시 말해서 각 개인을 구별시켜 주는 개별성(separateness)—오직 인과관계에 의해서만 조정되는 개별성—이 절대적인 실재 안에서는 우리가 전혀 아는 바 없는 개념, 즉 '서로 생명을 주고받는 작용'(inter-inanimation)에 의해 평형을 이루고 있다는 것입니다.

아담과 그리스도처럼 중대한 원형적 개인들의 행위와 고통은, 법적 의제나 은유나 인과율에 의해서가 아니라 그보다 훨씬 더 깊은 차원의 방식에 의해 우리의 행위와 고통이 될 수 있습니다. 그렇다고 해서 범신론에서처럼 각 개인이 일종의 영적 연속체 속에 용해된다고 믿는 것은 아닙니다. 그것은 우리 믿음의 전체적인 방향과 맞지 않는 생각입니다. 그러나 개성(individuality)과 긴장관계에 있는 어떤 다른 원리가 있을 수는 있습니다. 우리는 성령이 인간의 영혼에 실제로 현존하시며 작용하신다고 믿습니다. 물론 범신론자들처럼 이것이 곧 하나님의 '일부'나 '변형'이나 '외양'이라는 뜻이라고 생각하지는 않지요. 결국 우리는 피조된 영혼들의 경우에도 그에 적합한 수준에서 이와 같은 말을 할 수 있다고, 즉 각 영혼들은 서로 다른 존재임에도 불구하고 사실은 다른 모든 존재 내지는 어떤 존재 안에 현존하고 있다고 가정해야 하지 않을까—우리가 물질 개념 속에 '원거리 작용'을 받아들여야 하는 것과 똑같이—생각합니다.

누구나 알겠지만, 구약성경은 때때로 개인이라는 개념을 무시하는 것처럼 보입니다. 하나님은 야곱에게 "내가 너와 함께 애굽으로 내려가겠고 정녕 너를 인도하여 다시 올라올 것이며"[53]라고 약속하셨는데, 그 약속은 야곱의 시신이 팔레스타인에 묻히고 그의 후손들이 이집트에서 탈출하는 사건을 통해 성취됩니다. 이런 관념이 부족이나 가족을 앞세우고 개인은 늘 간과했던 초기 공동체의 사회 구조와 관련되어 있다고 보는 것은 아주 당연한 일입니다. 그러나 그 관련성은 똑같이 중요한 두 가지 명제로 표현되어야 할 것입니다. 첫째로 선조들은 자신들의 사회적인 경험으로 인해 지금 우리가 인식하고 있는 몇몇 진리들을 보지 못했으며, 둘째로 그들은 그 사회적인 경험으로 인해 지금 우리가 보지 못하는 몇몇 진리들을 민감하게 인식했습니다. 법적 의제와 입양, 공로와 죄책의 전이 내지는 전가라는 개념들이 지금 우리가 느끼듯이 과거에도 인위적으로 느껴졌다면, 지금까지 신학에서 감당했던 역할을 결코 감당하지 못했을 것입니다.

저로서는 휘장으로 가려진 것처럼 불가해하게 보이는 문제에 한 번쯤 눈길을 주는 것도 괜찮겠다는 생각으로 이런 이야기를 했습니다만, 이미 말했듯이 이것은 이 장의 논의에는 해당되지 않는 이야기입니다. 고통의 문제를 풀기 위해 또 다른 문제를 끌어들이는 것은 쓸데없는 짓임이 분명하지요. 이 장의 주제는 단순히 '인간은

---

53) 창세기 46장 4절. *

하나의 종(種)으로서 스스로 부패했으며, 따라서 지금 이런 상태에 있는 우리에게 선이란 본질적으로 우리를 치료하며 바로잡아 주는 선을 의미한다'는 것입니다. 이제 이처럼 우리를 치료하고 바로잡는 부분에서 고통이 실제로 어떤 역할을 감당하는지 생각해 보도록 합시다.

제6장 인간의 고통 I

그리스도의 생명은 모든 점에서 본성과 '자아'와 '나'에게 너무나도 쓴 것이므로('자아'와 '나'와 본성은 그리스도의 참 생명 안에서 버려지고 상실되고 죽어야 하기에), 우리 각 사람 안에 있는 본성은 그 생명을 혐오한다.

〈독일신학 Theologia Germanica〉, XX

앞에서 보여 드리고자 했듯이, 고통의 가능성은 영혼들이 서로 마주치는 세계의 존재 그 자체에 이미 내재되어 있습니다. 영혼들이 악해질 때에는 틀림없이 이런 가능성을 이용하여 서로를 해치려 들 것입니다. 그리고 인간들이 겪는 고통의 5분의 4는 여기에 그 원인이 있다고 해야 할 것입니다. 고문과 채찍과 감옥과 노예와 총과 총검과 폭탄을 만든 이는 하나님이 아니라 사람입니다. 우리의 가난과 과로는 자연의 심술 때문에 생기는 것이 아니라 인간의 탐욕내지는 어리석음 때문에 생기는 것입니다.

그럼에도 불구하고 우리 탓으로 돌릴 수 없는 고통 역시 여전히 많습니다. 우리는 "설령 인간이 모든 고통을 만들어 냈다 치더라도, 그렇다면 왜 하나님은 이처럼 가장 못된 인간들이[54] 동료들을 괴롭히는 경우를 그토록 엄청나게 많이 허용하시는 것이냐?"고 질문할 수 있습니다. 앞장에서 말한 바 '현재 우리 같은 모습을 가진 피조물에게, 선이란 본질적으로 우리를 치료하며 바로잡아 주는 선을 의미한다'는 것은 이 질문에 충분한 답이 되지 못합니다. 모든 약에서 역겨운 맛이 나는 것은 아닙니다. 그러나 만약 모든 약에서 역겨운 맛이 난다면, 그 자체가 불유쾌한 사실 중 하나로서 우리는 왜 모든 약이 그런 맛을 내는지 알고 싶을 것입니다.

논의를 진전시키기에 앞서, 2장에서 말했던 요점 한 가지를 짚고 넘어가야겠습니다. 거기서 저는 일정 수준의 강도에 미치지 못하는 고통은 원망스러운 것이 아니라 오히려 반가운 것이 될 수 있다고 말했습니다. 그때 "나라면 그런 것을 '고통'이라고 부르지 않겠다"고 대꾸하고 싶은 마음이 들었을지도 모르겠는데, 그것은 정당한 반응일 수 있습니다. 사실 '고통'(Pain)이라는 단어는 다음과 같은 두 가지 구분되는 의미를 가지고 있습니다.

A. 분화된 신경섬유들을 통해 전달되는 것으로 보이는 특정한 종류의 감각으로서, 당사자가 좋아하든 싫어하든 인지되는 감각(예를 들어 팔다리에 약간의 통증이 있을 경우, 그 통증에 거부감

---

54) '인간들'이 아니라 '피조물들'이라고 하는 편이 더 안전할 것 같군요. 저는 질병, 또는 적어도 몇몇 질병의 '동인'(動因)이 인간 아닌 다른 피조물일 수 있다는 견해를 부인하지 않습니다(이 책 9장을 보십시오). 욥기와 누가복음 13장 16절, 고린도전서 5장 5절(디모데전서 1장 20절도 포함시킬 수 있을 듯합니다)을 볼 때, 성경은 사탄을 특별히 질병과 관련짓고 있습니다. 그러나 의지를 가진 피조물 가운데 다른 피조물을 괴롭힐 힘을 갖도록 하나님이 허용하신 존재가 인간뿐이냐, 아니면 또 다른 존재가 있느냐 여부는 지금 단계에서 중요하게 논의할 문제가 아닙니다. *

이 느껴지지 않을 때에도 '통증이 있다'는 사실 자체는 인지할 수 있습니다).

　B. 육체적이든 정신적인 것이든 당사자가 싫어하는 모든 경험.

　A의 고통이 아주 낮은 수준에 머물러 있던 일정 강도를 넘어설 경우에는 모두 B의 고통이 되지만, B의 고통이 반드시 A의 고통이 되지는 않는다는 사실을 여러분도 눈치챘을 것입니다. B의 의미를 지닌 '고통'은 실제로 '고난', '고뇌', '시련', '역경', '곤란'과 같은 말로서, 고통의 문제는 바로 이 부분에서 발생합니다. 앞으로 이 책에서는 B의 의미를 가진 고통을 다룰 것이며, 모든 유형의 고난을 거기에 포함시킬 것입니다. A의 고통에 대해서는 더 이상 다루지 않겠습니다.

　피조물에게 합당한 선은 자신을 창조자에게 양도하는 것―피조물이라는 사실 자체에 이미 부여되어 있는 관계를 지적으로, 의지적으로, 감정적으로 실현시키는 것―입니다. 그렇게 할 때 비로소 피조물은 선해지고 행복해집니다. 우리가 이 일을 고충으로 여기지 않게 하기 위해 피조물의 차원을 훨씬 뛰어넘는 차원에서 이와 같은 종류의 선이 이미 시작되었습니다. 즉 성부께서 아버지의 사랑으로 영원토록 성자 안에 낳으시는(generate) 그 존재를, 성자 되신 하나님 자신이 아들의 순종을 통해 성부 하나님께 영원 전부터 되돌려 드리고 계신 것입니다. 인간은 바로 이러한 모형을 본뜨도록 만들어졌고―낙원의 인간은 그렇게 했습니다―, 이처럼 피조물이 자신에게도 기쁨을 주며 창조자에게도 기쁨을 드리는 순종을 통해 그가 주신 의지를 완벽하게 되돌려 드리는 그 자리에 확실히 천국이 있으며, 그로부터 성령이 나오십니다(proceed). 지금 우리가 알고 있는 세상에서 중요한 문제는 바로 이러한 자기 양도를 어떻게 회복하느냐 하는 것입니다. 우리는 단순히 개선될 필요가 있는 불완전한 피조물이 아니라, 뉴먼 John Henry Newman 의 말처럼 손에 든 무기를 내려놓아야 할 반역자들입니다.

따라서 왜 우리의 치료가 고통스러울 수밖에 없느냐에 대한 첫 번째 대답은 '우리가 너무나 오랫동안 자기 것으로 주장해 온 의지를 되돌려 드리는 일은 어디에서 어떤 식으로 이루어지든 간에 본질적으로 가혹한 고통이 될 수밖에 없다' 는 것입니다. 저는 낙원의 인간에게도 최소한의 자기 집착이 있어서 그것을 극복해야 했으리라고 생각하지만, 그래도 그 극복과 포기에는 희열이 따랐을 것입니다. 그러나 오랜 세월 하나님의 자리를 찬탈한 상태에서 한껏 부풀고 커져 버린 아집을 양도한다는 것은 죽기만큼 힘든 일입니다.

우리는 이런 아집이 어린 시절에 어떤 식으로 나타났던가를 기억하고 있습니다. 뜻대로 안될 때마다 분을 삭이지 못하기도 했고, 격렬한 울음보를 터뜨리기도 했으며, 굴복하느니 차라리 상대방을 죽이거나 내가 죽고 싶다는 흉악하고 악마적인 소망을 품기도 했습니다. 이렇게 볼 때, 옛날 유모나 부모들이 '아이의 의지를 꺾는 것' 을 교육의 첫 단계로 여긴 것은 상당히 옳은 생각이었다고 할 수 있습니다. 물론 방법이 잘못되었던 경우는 종종 있었습니다. 그러나 그런 교육의 필요성 자체를 보지 못하는 사람은 영적인 법칙들 또한 전혀 이해하지 못할 것이라고 생각합니다.

우리가 다 자란 후에 어릴 때처럼 심하게 악을 쓰거나 발을 구르지 않게 된 데에는, 우리를 키운 어른들이 우리의 아집을 꺾거나 죽이는 과정을 이미 시작해 주었다는 이유도 있고, 그때나 다름없는 격정이 이제는 좀더 교묘한 형태를 띠게 되었을 뿐 아니라 다양한 '보상'을 통해 소멸될 운명을 피해 버릴 만큼 영리해졌다는 이유도 있습니다. 그러므로 우리는 이것을 매일 죽일 필요가 있습니다. 반역하는 자아를 꺾었다고 생각했는데 여전히 살아 있는 것을 발견할 때가 얼마나 많은지 모릅니다. 이러한 과정에 고통이 따르지 않을 수 없다는 것은 '고행'(Mortification)이라는 단어의 역사만 살펴보더라도 충분히 입증할 수 있는 사실입니다.

그러나 '찬탈자인 자아를 고행으로 극복하는 데에는 본질적으로 고통 내지는 죽음이 따른다'는 것이 이야기의 전부는 아닙니다. 역설적이게도 고행은 그 자체가 고통이지만, 고행에 따르는 고통은 고행을 좀더 쉽게 만들어 줍니다. 제가 생각하기에 이 일은 대개 세 가지 방식으로 일어납니다.

인간의 영혼은 모든 상황이 좋아 보일 때에는 아집을 포기할 생각을 하지 않습니다. 잘못이나 죄에는 모두 이런 속성이 있어서, 심한 잘못이나 죄를 범하고 있는 사람일수록 자기가 그런 잘못이나 죄를 범하고 있다는 사실을 알아채지 못하는 법입니다. 이런 잘못이나 죄는 가면을 쓴 악이라고 할 수 있습니다. 그러나 고통은 가면을 벗은 악, 명백히 눈에 뜨이는 악입니다. 어떤 사람이든 아픔을 느낄 때는 무언가 잘못되었다고 생각하게 마련입니다. 마조히즘(Masochism) 환자도 예외는 아닙니다. 사디즘(Sadism)과 마조히즘은 정상적인 성적 열정의 한 '순간'이나 '측면'을 제각기 따로 떼어내어 과장한 것입니다. 사디즘[55]은 상대를 사로잡고 지배하는 측면을 과장함으로써, 성도착자로 하여금 연인을 학대해야만 성적 만족을 느끼는 지점—마치 "나는 당신을 얼마든지 괴롭힐 수 있는 지배자야"라고 말하는 듯한 지점—까지 이르게 합니다. 마조히즘은 이와 상보적인 정반대 측면을 과장하여, "나는 당신이 주는 어떤 고통도 달게 받을 만큼 당신한테 사로잡혀 있어요"라고 말하게 합니다. 마조히즘 환자는 고통이 악—가해자가 피해자를 완전히 지배하고 있다는 사실을 강조하는 난폭한 행동—으로 다가오지 않을 경우 성적 자극을 느끼지 못할 것입니다.

또한 고통은 즉시 인지되는 악이기도 하지만 무시할 수 없는 악이기도 합니다. 우리는 우리의 죄와 어리석음에 만족하며 지낼 수 있습니다. 최고로 맛있는 음식을 아무 생각 없이 퍼먹고 있는 대식

---

55) '사디즘적 잔인함'이라는 말을 단순히 '심한 잔인함'이라는 뜻으로 사용하거나, 특별히 자기가 비난하고자 하는 잔인함을 가리키는 말로 사용하는 현대의 추세는 유용한 것이 못됩니다. *

가를 본 적이 있는 사람이라면, 우리가 쾌락조차 무시할 수 있는 존재임을 인정할 것입니다. 그러나 고통은 고집스럽게 우리의 주목을 요구합니다. 하나님은 쾌락 속에서 우리에게 속삭이시고, 양심 속에서 말씀하시며, 고통 속에서 소리치십니다. 고통은 귀먹은 세상을 불러 깨우는 하나님의 메가폰입니다. 악하면서도 행복한 사람은 자신의 행위가 무언가 '들어맞지' 않는다는 사실, 자신이 우주의 법칙에 따르지 않고 있다는 사실을 조금도 눈치채지 못합니다.

'악한 인간은 고난을 겪어야 마땅하다'고 느끼는 인간의 보편적인 감정 배후에는 바로 이 진리에 대한 인식이 자리잡고 있습니다. 이런 감정을 완전히 저급한 것으로 취급하여 코웃음 쳐 봐야 소용없습니다. 가장 부드러운 수준에서 말한다 해도 이것은 모든 인간의 정의감에 부합되는 감정입니다. 저와 제 형이 아주 어렸을 때 한 책상에서 나란히 그림을 그린 적이 있었는데, 제가 형의 팔꿈치를 치는 바람에 그림 중앙을 가로질러 엉뚱한 선이 그어졌습니다. 그 일은 형도 제 그림에 똑같은 길이의 선을 긋도록 허락하는 것으로 평화롭게 해결되었습니다. 즉 저는 '형의 입장이 되어' 그의 시각에서 제 잘못을 보았던 것입니다.

이와 똑같은 개념이 좀더 엄격한 수준에서는 '응보적인 처벌'이나 '응분의 대우를 받게 하는 일'로 나타납니다. 몇몇 계몽된 사람들은 자신들의 처벌 이론에서 응보나 응분이라는 개념을 밀어낸 채, 범죄를 방지하며 범죄자를 교정하는 것에서만 처벌의 전적인 가치를 찾았습니다. 그러나 그들은 이렇게 함으로써 모든 처벌을 부당한 것으로 만들게 된다는 사실을 모르고 있습니다. 내가 받아야 할 **응분의** 처벌이 아닌데도 다른 사람의 범죄를 억제하기 위해 나에게 고통을 가한다면, 그보다 더 부도덕한 일이 어디 있겠습니까? 반면에 그 처벌이 정말 응분의 것임을 인정한다면 '응보'의 정당함 또한 인정하는 셈이 됩니다. 내가 받아야 할 응분의 처벌이 아닌데도(이번에도 역시) 나의 동의 없이 나를 잡아서 도덕적 개선이라는 불쾌한 과정에 억지로 집어넣는다면, 그보다 더 괘씸한 일이 어디 있겠습니까?

세번째 수준으로, 우리에게는 보복의 열망―복수하려는 갈망―이 있습니다. 이것은 물론 악으로서, 그리스도인에게는 명확히 금지되어 있습니다. 그러나 사디즘과 마조히즘에 대해 이야기할 때 이미 드러났다고 생각되는 바, 인간 본성 가운데 가장 추한 것들은 곧 좋은 것이나 순수한 것들이 왜곡된 형태입니다. '보복의 열망으로 왜곡되기 전의 좋은 것이 무엇인가'는 복수심(Revengefulness)에 대한 홉스 Thomas Hobbes의 정의, 즉 "상대방에게 해를 가함으로써 그가 저지른 일을 스스로 정죄하게 만들려는 욕망"[56]이라는 말에 놀랄 만큼 명쾌하게 나타나 있습니다.

복수할 때는 수단에 집착하느라 목적을 보지 못하기 쉽지만, 원래 복수의 목적은 마냥 나쁘기만 한 것이 아닙니다. 복수가 원하는 것은 악한 자가 다른 모든 사람의 눈으로 자기의 악을 보게 되는 것입니다. 복수자는 죄인이 단순히 고통받기만을 바라는 것이 아니라 바로 자기 손에 고통받기를 바라며, 그 죄인도 이런 사실을 알고 그 이유 또한 알기를 바란다는 점은 이런 사실을 입증해 줍니다. 그래서 복수하는 순간에 죄인의 범죄를 두고 조롱하고 싶은 충동도 생기는 것이고, "본인도 이런 일을 당하면 좋아할는지 알고 싶군"이라든지 "이런 기분이 어떤 건지 그 작자에게 가르쳐 줄 테다"라는 당연한 표현도 쓰게 되는 것입니다. 어떤 사람을 욕하려고 할 때 "우리가 그 인간에 대해 어떻게 생각하고 있는지 알려 주겠어"라고 말하는 이유도 똑같습니다.

우리 선조들이 고통과 슬픔을 가리켜 죄에 대한 하나님의 '보복'이라 했다고 해서, 하나님이 우리에게 꼭 악한 감정을 가지고 있다고 생각했던 것은 아닙니다. 그들은 아마도 응보의 개념에 선한 요소가 있다는 점을 인지하고 있었을 것입니다. 악인은 악이 고통의 형태를 띠고 자기 눈앞에 명백히 나타나기 전까지는 환상에서 벗어나지 못하는 법입니다. 그러나 일단 고통을 통해 깨어나고 나면, 자신이 이런저런 식으로 실제 우주와 '대치하고 있다'는 사실을 깨닫게 되지요. 그는 그 사실 앞에 반항할 수도 있고(이 경우에는 어느 정도 단계가 지나면서 문제점도 더 분명해지고 회개도 더 깊이 하

---

56) 〈리바이어던 *Leviathan*〉, Pt.I, cap.6. *

게 될 가능성이 있습니다), 조정(調整)을 시도하다가 결국 종교로 인도될 수도 있습니다.

하나님(혹은 신들)의 존재를 더 광범위하게 인정했던 시대와 비교할 때는 오늘날 이 두 가지 효과 중 어느 쪽도 확실히 나타나지 않고 있는 것이 사실이지만, 그래도 고통은 여전히 효과를 발휘하고 있습니다. 하디 Thomas Hardy 와 하우스먼 A. E. Housman 같은 무신론자들조차, 자신들의 관점에 따르자면 하나님이 존재하지 않음에도 불구하고(또는 존재하지 않는다는 이유로) 그에게 반항하며 분노를 표출합니다. 또 헉슬리 Aldous Huxley 같은 무신론자들은 고난을 통해 실존의 문제 전체를 제기하고 그 문제와 타협할 방법, 기독교적인 방법은 아니지만 세속적인 삶에 멍청히 안주하는 것보다는 한결 월등한 방법을 찾았습니다.

하나님의 메가폰으로서 고통이 혹독한 도구라는 데에는 의심의 여지가 없습니다. 또 고통은 끝까지 회개하지 않는 반항으로 연결될 수도 있습니다. 그러나 고통은 개심(改心)할 수 있는 유일한 기회를 악인에게 제공해 줍니다. 고통은 베일을 벗깁니다. 고통은 반항하는 영혼의 요새 안에 진실의 깃발을 꽂습니다.

만사가 잘 돌아가고 있다는 환상을 깨뜨리는 것이 고통의 효력 중 가장 낮은 단계에 해당하는 첫번째 효력이라면, 두번째 효력은 '지금 우리가 가진 것은 본질적으로 좋은 것이든 나쁜 것이든 간에 전부 우리 것이며 그 이상은 필요치 않다'는 환상을 깨뜨리는 것입니다. '원하는 모든 것이 다 있다'는 말은 그 '모든 것' 안에 하나님이 포함되어 있지 않을 때 그야말로 무서운 말이 되어 버립니다. 그 경우 하나님은 우리에게 방해거리로 등장합니다. 성 아우구스티누스가 어디에선가 말했듯이 "하나님은 우리에게 무언가를 주고자 하시지만 우리 손이 꽉 차 있기 때문에—무언가를 주실 자리가 전혀 없기 때문에—주지 못하십니다." 또는 제 친구 한 사람의 말처럼 "우리는 비행기 조종사가 낙하산을 대하듯 하나님을 대합니다. 위기 상황에 대비해 마련해 두긴 하지만, 그것을 사용해야 할 기회는 오지 않기를 바랍니다."

우리를 만드신 하나님은 우리의 본질을 아시며, 우리의 행복이 바로 그분 안에 있음을 아십니다. 그러나 하나님이 행복을 찾을 만하게 보이는 곳을 단 한 군데만 남겨 두셔도 우리는 그분 안에서 행복을 찾으려 들지 않습니다. 우리는 이른바 '나의 삶'이 즐겁게 느껴질 동안에는 그 삶을 하나님께 양도하려 들지 않습니다. 그러니 '나의 삶'을 덜 즐겁게 만들고 그럴듯해 보이는 거짓된 행복의 원천을 빼앗는 것 외에 우리의 유익을 위해 하실 수 있는 일이 무엇이 있겠습니까? 바로 이 자리, 처음에는 하나님의 섭리가 잔인하기 짝이 없게 보이는 이 자리야말로 하나님의 겸손함과 지고한 분의 낮아짐을 찬양해 마지않아야 할 자리입니다.

우리는 존경스럽고 악의가 없으며 훌륭한 사람들—열심히 일하는 유능한 주부, 부지런하며 검소한 소상인, 소박한 행복을 쌓기 위해 너무도 열심히, 또 정직하게 일해 왔고, 이제 충분한 자격으로 그 행복을 즐기기 시작한 사람들—에게 불행이 닥치는 것을 볼 때 당혹감을 느낍니다. 이제부터 해야 할 말을 어떻게 하면 최대한 부드럽게 전달할 수 있을까요? 적대적인 독자들은 지금부터 설명하고자 하는 모든 고난을 제가 개인적으로 책임져야 할 것처럼 생각하리라는 것을 알지만—오늘날까지도 사람들이 "성 아우구스티누스는 세례 받지 못한 유아들이 지옥에 가길 **원했다**"는 식으로 말하는 것과 똑같이—그런 오해를 받는 것이 그리 중요한 문제는 아닙니다. 그러나 제가 만약 한 사람이라도 진리에서 소외시키게 된다면, 그것은 엄청나게 중요한 문제가 되지 않을 수 없습니다.

독자 여러분에게 부탁하건대, 이처럼 행복을 누릴 가치가 있는 사람들을 만드신 하나님께서 '아무리 그들이 소박한 성공을 거두고 그 자녀들이 행복을 누린다 해도 그것만으로 복된 존재가 될 수는 없다'고 생각하시는 것이 참으로 옳은 일일 수 있음을 잠시 동안만이라도 믿어 보시기 바랍니다. 즉 이 모든 성공이나 행복은 결국 그들에게서 떨어져 나갈 수밖에 없으며, 하나님 알기를 배우지 못하는 한 그들은 비참해질 수밖에 없음을 믿어 보라는 것입니다. 그렇기 때문에 하나님은 그들에게 어려움을 주심으로써, 언젠가는 그들 스스로 발견해야 할 부족함에 대해 미리 경고해 주시는 것입니다. 그들과 그들의 가족은 현재 누리고 있는 삶 때문에 자신들의 필요를 깨닫지 못합니다. 그래서 하나님이 그 삶을 덜 달콤하게 만드시는 것입니다.

저는 이것을 하나님의 겸손이라고 부르는데, 왜냐하면 배가 이미 가라앉고 있는 상황에서 하나님께 백기를 드는 것은 궁색한 일이기 때문입니다. 최후의 수단으로 어쩔 수 없이 하나님께 나아가는 것, 더 이상 지닐 가치가 없어졌을 때 비로소 '자기 것'을 바치는 것은 궁색한 일입니다. 하나님이 교만한 분이라면, 그런 조건에서는 우리를 받아 주지 않으실 것입니다. 그러나 그는 교만하지 않으실 뿐 아니라 오히려 자신을 낮춤으로써 정복하시는 분으로서, 우리가 언제나 그분보다는 다른 것을 더 좋아한다는 사실이 드러났음에도 불구하고, 그리고 이제는 더 이상 붙들 '나은 것이 없기' 때문에 그분께 나아가는 것임에도 불구하고 기꺼이 우리를 받아 주십니다.

고상한 독자들을 곤란하게 만드는 성경 이야기, 즉 우리의 두려움에 호소하시는 하나님이 등장하는 그 모든 이야기 속에서도 우리는 똑같은 겸손을 발견할 수 있습니다. 지옥 대신 하나님을 선택한다는 것은 그분께 경의를 표하는 태도가 못됩니다. 그러나 그는 이것까지 받으십니다. 스스로 자족할 수 있다고 생각하는 피조물의 환상은 본인 자신을 위해 깨져야 합니다. 하나님은 '자신의 영광이 훼손되는 데 개의치 않은 채', 현세의 어려움이나 그 어려움을 두려워하는 우리의 마음을 통해, 또 영원한 지옥의 불꽃을 겁내는 조잡한 두려움을 통해 그 환상을 깨뜨리십니다. 성경의 하나님이 좀더 순수하게 윤리적인 분이기를 바라는 사람들은 자신이 지금 무엇을 요구하고 있는지 모르고 있는 사람들입니다. 만약 하나님이 칸트 철학에 따라 가장 순수한 최고의 동기를 가지고 나아가지 않는 한 우리를 받아 주지 않는 분이라면, 과연 누가 구원을 받을 수 있겠습니까? 그런데 이런 자족의 환상은 대단히 정직하고 친절하며 온화한 사람들에게 가장 강하게 나타날 가능성이 있으므로, 불행은 바로 그러한 사람들에게 임할 수밖에 없는 것입니다.

이처럼 명백한 자족의 위험은, 우리 주님이 무능하고 방탕한 자들의 악을 세속적인 성공에 이르는 악보다 훨씬 더 너그럽게 대하셨던 이유를 설명해 줍니다. 창녀들은 하나님께 나아가지 못할 정도로 현재의 삶에 만족할 위험이 없습니다. 그러나 교만하고 탐욕스러우며 자기 의에 사로잡힌 사람들은 그럴 위험이 큽니다.

고통의 세번째 효력은 파악하기가 좀더 어렵습니다. 선택이 본질적으로 의식적인 행위라는 점은 모두가 인정할 것입니다. 여러분은 무언가를 선택할 때 스스로 선택이라는 것을 하고 있다는 사실을 인식합니다. 낙원의 인간은 언제나 하나님의 뜻에 따르는 쪽을 선택했습니다. 그렇게 하나님의 뜻에 따르는 것은 곧 그 자신의 욕구를 만족시키는 일이기도 했습니다. 거기에는 한편으로 그에게 요구된 모든 행위가 실제로도 그의 때묻지 않은 성향에 잘 맞는 것들이었던 탓도 있었고, 또 한편으로 하나님을 섬기는 일 자체가 가장 강렬한 쾌락으로서 그 쾌락이 빠진 기쁨은 모두 무미건조하게 느껴졌던 탓도 있었습니다. 그는 "나는 지금 하나님을 위해 이 일을 하는 것인가, 공교롭게도 내가 좋아하는 일이라서 하는 것인가?"라는 질문을 할 필요가 없었습니다. 그에게는 하나님을 위해 행하는 일이 주로 "공교롭게도 내가 좋아하는" 일과 일치했기 때문입니다.

이처럼 하나님을 지향하던 그의 의지가 마치 잘 길들여진 말에 올라타듯이 행복에 올라탔던 반면, 오늘날 우리의 의지는 행복한 순간이 올 때 마치 급류에 휩쓸린 배에 탄 것처럼 그 행복을 타고 흘러가 버립니다. 그때는 봉헌이 쾌락이었던 만큼, 쾌락 역시 하나님이 받으실 만한 봉헌이 될 수 있었습니다. 그러나 우리는 항상 하나님의 뜻에 반대되는 것은 아니라 해도 수세기에 걸쳐 왕권을 찬탈하여 자치권을 행사한 결과 확고부동하게 그 뜻을 무시하게 되어 버린 욕망의 체계 전체를 물려받았습니다. 우리가 좋아서 하는 일과 하나님이 바라시는 일이 일치되는 경우도 가끔 있을 수 있지만, 그것은 단지 다행스러운 우연의 일치일 뿐 '하나님의 뜻을 따르고 싶은 마음이 있어서 그 일을 했다'고 볼 수는 없습니다. 따라서 행위의 내용이 우리의 성향을 거스르는 것이 아닐 때, (다시 말해)고통스러운 것이 아닐 때에는, 자신의 행위가 대체로 하나님을 위한 것인지 아니면 전혀 하나님을 위한 것이 아닌지 알 길이 없어져 버리며, 이처럼 스스로 무엇을 선택하고 있는지 모르는 상황에서는 선택이라는 행위 자체가 아예 불가능해져 버립니다.

그러므로 하나님께 자아를 완전히 양도하는 행위에는 고통이 따르게 되어 있습니다. 이 행위가 완벽한 것이 되려면 자기 성향과 상관없이, 또는 그 성향을 거슬러 순종하겠다는 순수한 의지가 있어야 합니다. 자기가 좋아하는 일을 하면서 자아를 양도한다는 것이 얼마나 불가능한 것인지, 지금 이 순간 저 자신의 경험을 통해 아주 잘 인식하고 있습니다. 이 책을 처음 쓰기 시작했을 때에는 하나님의 '인도'(引導)라고 할 만한 것에 순종하려는 의지가 제 동기의 일부를 차지하기를 바라는 소망이 있었습니다. 그러나 이 일에 완전히 빠져든 지금, 이 일은 의무라기보다는 유혹이 되어 버렸습니다. 물론 지금도 여전히 이 책을 쓰는 것이 하나님의 뜻에 일치되기를 소망할 수도 있습니다. 그러나 자기 마음에 쏙 드는 일을 하고 있으면서 "이 일을 통해 나 자신을 양도하는 법을 배우고 있다"고 주장하는 것은 우스운 일이지요.

　지금 우리는 대단히 어려운 문제를 다루고 있습니다. 칸트 Immanuel Kant는 사람이 자기 기호와 상관없이 오직 도덕법에 대한 순수한 경외심으로 행하지 않는 행위에는 도덕적인 가치가 없다고 생각했고, 바로 이런 점 때문에 불쾌감을 주는 행위를 할수록 그 가치를 높이 평가하는 '병적인 사고 구조'라는 비난을 받아 왔습니다. 사실 대중은 모두 칸트 편에 서 있습니다. 사람들은 자기가 좋아서 하는 일을 두고 칭찬하지 않습니다. "저 좋아서 하는 일인 걸"이라는 말에는 '그러므로 그 행위에는 칭찬할 만한 점이 없다'는 결론이 함축되어 있습니다. 그러나 아리스토텔레스가 말한 바 칸트에 반(反)하는 명백한 진리는, 사람은 덕이 높아질수록 덕 있는 행위를 즐기게 된다는 것입니다. 무신론자들은 의무의 윤리와 덕의 윤리 사이에 존재하는 이러한 갈등을 어떻게 처리하는지 모르겠습니다. 그러나 저는 그리스도인으로서 다음과 같은 해결책을 제시하고자 합니다.

'하나님은 어떤 일이 옳기 때문에 명령하시는가, 아니면 하나님이 명령하시는 것이기 때문에 옳은 일이 되는 것인가' 하는 것은 가끔씩 제기되어 온 문제입니다. 저는 후커 Richard Hooker 의 견해에 찬성하고 존슨 박사 Samuel Johnson 의 견해에 반대하는 바, 단연코 첫번째 견해가 옳다고 생각합니다. 두번째 견해는 '사랑은 하나님이 자의적으로 사랑하라고 명하셨다는 그 한 가지 이유 때문에 선한 것'이라는—그와 똑같이 하나님이 우리에게 그분 자신과 이웃을 미워하라고 명령하셨을 수도 있으며, 그렇게 했다면 미움이 옳은 것이 될 수도 있었다는—끔찍한 결론(제 생각에는 페일리 William Paley 가 이런 결론에 도달했습니다)으로 이어질 수 있습니다. 저는 그와 반대로 "이러저러한 일을 하시는 하나님의 뜻에는, 그렇게 하는 것이 곧 그의 뜻이라는 이유 외에 다른 이유가 없다고 생각하는 것은 잘못"[57]이라고 믿습니다.

---

57) 후커, 〈교회 정치법에 관하여 *Of the Laws of Ecclesiastical Polity*〉, I, i, 5. *

하나님의 뜻은 본질적으로 선한 것이 무엇인지 늘 감지하고 계시는 그의 지혜와, 그 선한 것을 늘 받아들이시는 그의 선함에 따라 결정됩니다. 그러나 우리는 "하나님은 오직 어떤 일이 선하다는 이유로 그 일을 명령하신다"는 말만 할 것이 아니라, "본질적으로 선한 일 중에는 이성적인 피조물들이 창조자에게 순종하는 가운데 기꺼이 자신을 양도하는 일도 포함되어 있다"는 말을 덧붙여야 합니다. 순종의 내용—우리에게 명령하신 일—은 언제나 본질적으로 선한 것이며, 설사 하나님이 명령하지 않으셨더라도(이것은 불가능한 가정이지만) 해야만 하는 것입니다. 그러나 순종의 내용뿐 아니라 순종하는 행위 그 자체도 본질적으로 선합니다. 이성적인 피조물은 창조자에게 순종함으로써 피조물 본연의 역할을 의식적으로 수행하며, 우리를 타락시킨 행위를 뒤엎고, 아담이 추었던 춤을 역으로 밟아 감으로써 원래 상태로 되돌아가기 때문입니다.

그러므로 우리는 '본질적으로 옳은 일은 당연히 기분 좋은 것으로서, 사람은 선해지면 선해질수록 옳은 일을 더 좋아하게 된다' 는 아리스토텔레스의 생각에 동의합니다. 그러나 '불쾌감을 느끼지 않는 한 타락한 피조물이 최대한 의지를 발휘하여 행할 마음을 먹지 않는 옳은 행위가 한 가지 있는데, 그것은 곧 자기 양도의 행위이다' 라는 점에서만큼은 칸트의 생각에 동의합니다. 우리는 이에 덧붙여, 이 한 가지 옳은 행위에는 다른 의가 전부 포함되어 있으며, 어떤 욕망의 도움 없이 순전히 의지의 힘으로 순종해야 할 상황에 처한 피조물이 자기 본성에 어긋나는 이 일을 받아들일 때, 오직 한 가지 동기밖에 있을 수 없는 이 일을 행할 때, 비로소 아담의 타락을 최대한 상쇄시킬 수 있으며 멀리 떠나온 낙원을 향해 '전속력 후진'을 감행할 수 있고 그 오래된 견고한 매듭을 풀어 낼 수 있다는 점을 지적해야 합니다.

이러한 행위는 피조물에게 정말 하나님께 돌아가려는 마음이 있는지 여부를 알아보는 일종의 '시험'(test)이라고 할 수 있습니다. 그래서 선조들은 하나님이 "우리를 시험하시려고" 어려움을 주셨다고 말했던 것입니다. 이삭을 제물로 바치라는 명령을 받았던 아브라함의 '시험'(trial)은 그 친숙한 예입니다. 지금 저의 관심은 그 이야기의 역사성이나 도덕성에 있지 않습니다. 저의 관심은 "하나님이 전지하시다면 그런 실험을 하지 않아도 아브라함이 어떻게 행동할 것인지 이미 알고 계셨을 텐데, 왜 굳이 이런 불필요한 괴로움을 주셨는가?"라는 명백한 질문에 있습니다. 그러나 성 아우구스티누스가 지적했듯이,[58] 하나님이 무엇을 알고 계셨든지 간에 적어도 아브라함은 이 사건이 있기 전까지는 자신이 과연 이런 명령까지 순종할 수 있는지 알지 못했습니다. 이처럼 아브라함 자신이 스스로 순종하는 편을 선택하게 될 것을 모르고 있었다면, 우리는 그가 의도적으로 순종하는 편을 선택했다고 말할 수 없습니다.

---

58) 〈하나님의 도성〉, XVI, xxxii.*

아브라함이 행한 순종의 실체는 순종의 행위 그 자체에 있습니다. 그리고 아브라함이 '순종할 것'이라는 사실을 하나님이 아셨다는 것은 아브라함이 그때 그 산꼭대기에서 실제로 순종의 행위를 했다는 뜻입니다. 따라서 "하나님은 그런 실험을 하실 필요가 없다"고 말하는 사람은 "하나님이 이미 알고 계시니 이처럼 그가 아시는 일들은 일어날 필요가 없다"고 말하고 있는 것이나 다름없습니다.

고통이 때로 피조물의 거짓된 자족감을 깨뜨려 준다면, 극도의 '시험' 내지 '희생'에서 나오는 고통은 피조물이 진짜 자기 것으로 삼아야 할 자족감— '하늘(Heaven)이 주신 것이기에 곧 자기 것이라고 할 수 있는 힘'—을 가르쳐 줍니다. 시험받는 사람이나 희생하는 사람은 자연스러운 동기 유발도 되지 않고 어떤 지원도 받지 못하는 상태에서, 오직 하나님이 그분께 복종하는 의지를 통해 흘려 보내시는 그 힘 하나만을 가지고 행동하게 되기 때문입니다. 인간의 의지는 전적으로 하나님의 것이 될 때 진정으로 창조적인 자기 것이 될 것입니다. 이것이야말로 자기 목숨을 잃는 자는 목숨을 얻는다는 말씀[59]에 담긴 여러 의미 가운데 하나입니다. 다른 모든 행위를 할 때에는 우리의 의지가 자연을 통해, 즉 나 자신이 아닌 다른 피조물들을 통해—우리의 신체 유기체와 유전 형질에서 나오는 욕망들을 통해—양분을 얻습니다. 그러나 순전히 우리 자신의 힘으

---

59) 마태복음 10장 39절.

로—즉 우리 **안에** 있는 하나님의 힘으로—행동할 때, 우리는 창조의 협력자 내지는 살아 있는 도구가 됩니다. 그렇기 때문에 이런 행동이 '마법을 푸는 힘을 지닌 역(逆) 주문'으로써 아담이 후손들에게 걸어 놓은 반창조적인 마법을 깨뜨릴 수 있는 것입니다.

따라서 자살이 스토아 정신의 전형적인 표현이고 전투가 전사(戰士) 정신의 전형적인 표현이듯이, 순교는 변함없는 기독교 정신 최고의 실현이자 완덕(完德)입니다. 갈보리의 그리스도는 우리를 위해, 우리 대신 이 위대한 행위를 먼저 행하셨으며, 우리가 본받아야 할 모범으로 보여 주셨고, 인지를 초월한 방식으로 모든 믿는 자들에게 그 행위를 전해 주셨습니다. 그리스도가 갈보리에서 받아들이신 죽음은 우리가 상상할 수 있는 최고 단계의 죽음, 아니 그 이상의 죽음이었습니다. 이 희생자는 하나님께 '버림받았음에도' 불구하고, 자연의 지원 하나 없었을 뿐 아니라 자신이 희생을 바치고 있는 당사자인 성부조차 나타나시지 않는 상황에서도 일말의 흔들림 없이 자신을 그분께 양도했습니다.

제가 말한 바와 같은 죽음의 교리는 기독교에만 있는 것이 아닙니다. 땅에 묻힌 씨가 싹으로 다시 솟아나는 드라마의 반복을 통해, 자연 자체가 온 세상 곳곳에 이 교리를 크게 적어 놓았습니다. 자연으로부터 그 교리를 배웠을 아주 옛적의 농업 공동체들은 수세기에 걸쳐 동물 제사나 인신 제사를 드림으로써 "피흘림이 없은즉 사함이 없느니라"[60]는 진리를 나타냈던 것으로 보입니다. 처음에는 그런 개념들이 부족의 농작물이나 자손들하고만 관련이 있었겠지만, 후대에는 신비적 제의들을 통해 개인의 영적인 죽음 및 부활과도 관련을 맺게 되었을 것입니다. 대못이 박힌 침대 위에 누워 자기 몸을 괴롭히는 인디언 고행자들도 이와 똑같은 교훈을 가르치며, 그리스 철학자들도 지혜의 삶이란 곧 "죽음을 연습하는 것"[61]이라고 말합니다. 또 현대의 예민하고 고상한 이교도들은 "죽음으로써 삶으로 들어가는"(die into life)[62] 가상의 신들을 만들어 내고 있으며, 헉슬리는 '무집착'(non-attachment)에 대해 설명하고 있습니다.

이것은 우리가 그리스도인의 자리를 포기한다고 해서 벗어날 수 있는 교리가 아닙니다. 이것은 인간이 진리를 찾거나 인정하는 곳이라면 어디에서든지 계시되었던 '영원한 복음'입니다. 이것은 구속(救贖)의 중추신경으로서, 해부의 지식만 있다면 어느 시대 어느 장소에서든 파헤쳐 드러낼 수 있는 것입니다. 이것은 모든 사람을 비추어 주는 빛(Light)이 우주의 '의미'를 진지하게 묻는 모든 이들의 정신 속에 새겨 놓은, 회피할 수 없는 지식입니다.

기독교 신앙의 독특성은 이 교리를 가르친다는 데 있는 것이 아니라 다양한 방법을 통해 이 교리를 좀더 견딜 만한 것으로 만든다

---

60) 히브리서 9장 22절. *
61) 플라톤 Platon, 〈파이돈 *Phaedon*〉, 81, A(cf. 64, A). *
62) 존 키츠 John Keats, 〈히페리온 *Hyperion*〉 III, 130. *

는 데 있습니다. 기독교가 가르치는 바는 그 혹독한 과업이 어떤 의미에서 우리를 위해 이미 완수되었다는 것—어려운 글씨를 쓰려 하는 우리의 손을 선생님이 잡고 계시므로 우리는 독자적으로 글씨를 쓰려고 애쓸 필요 없이 그저 그가 움직이는 대로 '따라' 쓰기만 하면 된다는 것—입니다.

다른 사상 체계들은 우리의 본성 전체를 죽음에 노출시키지만(불교의 금욕처럼), 기독교는 본성의 **잘못된 방향**을 바로잡으라고만 요구할 뿐 플라톤처럼 인간의 몸 자체를 문제 삼거나 우리를 구성하고 있는 물질적인 요소들 자체를 문제 삼지 않습니다. 또한 자신을 희생함으로써 이 교리를 최고로 실현할 것을 모든 사람에게 억지로 요구하지도 않습니다. 순교자만 구원받는 것이 아니라 목숨을 유지하면서 끝까지 믿음을 지킨 이들도 구원받습니다. 은혜를 입은 것이 분명한데도 칠십 평생을 의외로 평탄하게 살아온 듯 보이는 노인들도 가끔 만날 수 있습니다. 그리스도의 희생은, 얼핏 보기에 절제와 '유쾌한 분별력'이 빚어내는 평범한 결과들과 전혀 구별되지 않는 자기 복종에서부터 잔인하기 짝이 없는 순교에 이르기까지, 아주 다양한 수준에서 그를 따르는 자들 가운데 반복되거나 메아리칩니다.

어떤 원인에 의해 이런 분배가 일어나는지는 모르겠습니다. 그러나 현재의 관점에서 볼 때 분명한 것은, '왜 겸손하고 경건한 신앙인들이 고난을 겪느냐'가 아니라 '왜 어떤 이들은 고난을 **겪지**

않느냐 하는 데 진정한 문제가 있다는 점입니다. 우리는 이 세상에서 행운을 누리는 자들의 구원 문제에 관해, 주님 또한 하나님의 헤아릴 길 없는 전능하심을 언급하는 것으로 설명을 끝내셨다는 사실을 기억해야 할 것입니다.[63]

고난을 정당화하기 위해 논쟁하는 사람은 격한 분노를 사게 마련입니다. 여러분은 제가 고통에 대해 글을 쓸 때가 아니라 직접 고통을 겪을 때 어떻게 행동하는지 알고 싶겠지요. 여러분이 추측할 필요가 없도록 제가 직접 말씀드리겠습니다. 저는 엄청난 겁쟁이입니다. 하지만 이런 사실을 말하는 것이 무슨 도움이 되겠습니까? 저는 고통—불처럼 끊임없이 마음을 태우는 염려와 사막처럼 막막하게 펼쳐지는 외로움, 단조로운 불행이 반복되는 지루한 일상, 눈앞을 암울하게 뒤덮는 둔중한 통증과 느닷없이 찾아와 단번에 마음을 무너뜨리는 진저리나는 고통, 그렇지 않아도 참기 힘든데 어느 한순간 갑자기 증폭해 버리는 고통, 이전에 겪은 괴로움으로 반쯤 죽어 있던 사람을 전갈처럼 쏘아 미친 듯이 날뛰게 만드는 고통—에 대해 생각할 때 '완전히 기가 질려' 버립니다. 아마 피할 길만 있다면 하수구 밑으로라도 기어 내려갈 것입니다. 그러나 이런 저의 감정에 대해 이야기하는 것이 무슨 유익이 있겠습니까? 이것은 여러분도 익히 알고 있는 감정입니다. 여러분도 고통에 대해 이와 똑같은 감정을

---

63) 마가복음 10장 27절. *

느낄 것입니다.

지금 저는 고통이 고통스럽지 않다고 주장하는 것이 아닙니다. 고통은 아픕니다. 그것이 바로 이 단어가 의미하는 바입니다. 다만 저는 "고난으로 말미암아 온전케 하심"[64]이라는 기독교의 옛 교리는 믿을 수 없는 이야기가 아니라는 점을 보여 드리고 싶을 뿐입니다. 저의 의도는 고통이 우리 비위에 맞는다는 것을 증명하려는 데 있지 않습니다.

이 교리의 신빙성을 평가하려 할 때 주목해야 할 두 가지 원칙이 있습니다. 첫째로, 우리는 '실제로 고통을 당하는 그 순간은 시련의 전 체계(whole tribulational system)라고 할 만한 것, 두려움과 연민에 의해 확장되는 그것의 중심점일 뿐'이라는 사실을 기억해야 합니다. 이러한 경험들이 어떤 유익한 효과를 내느냐 하는 것은 전부 그 중심점에 달려 있습니다. 따라서 설령 고통 그 자체에는 영적인 가치가 없다 해도 두려움과 연민에 영적인 가치가 있다면, 그런 두려움과 연민을 불러일으키는 것이 있어야 한다는 이유만으로도 고통은 존재해야 할 것입니다.

우리가 두려움과 연민의 도움을 받아 순종과 자비의 삶으로 돌이키게 된다는 것은 의심할 여지 없는 사실입니다. 사랑스럽지 못한 사람을 사랑하는 일—즉 원래 어떤 식으로든 우리 취향에 맞는

---

64) 히브리서 2장 10절.*

사람들이어서 사랑하는 것이 아니라 단지 우리의 형제이기 때문에 사랑하는 일—을 좀더 쉽게 만들어 주는 연민의 효과를 누구나 경험해 보았을 것입니다. 또 두려움이 주는 혜택에 대해서는 우리 대부분이 이번 전쟁을 불러온 '위기'의 시대를 겪는 가운데 이미 배운 바 있습니다.

저 자신의 경험은 대략 다음과 같은 것입니다. 늘 그렇듯이 타락하고 불경스러운 상황에 만족하면서, 다음날 있을 친구들과의 즐거운 만남이나 오늘 나의 허영을 채워 준 소소한 일, 휴일이나 새로운 책에 빠져 하루하루 살아가고 있던 어느 날, 심각한 병일지도 모르는 복부의 갑작스런 통증이나 우리가 전부 전멸할지도 모른다고 위협하는 신문 머릿기사가 등장하여 상황을 완전히 뒤집어 버립니다. 처음에 저는 놀라서 어찌할 바를 모릅니다. 저의 작은 행복들은 마치 부서진 장난감처럼 흩어집니다. 저는 서서히, 마지 못해, 조금씩 자신을 추슬러, 사실은 그 전에 이미 견지하고 있었어야 했던 마음 상태로 돌아가기 위해 노력합니다. 저는 이런 장난감들을 마음에 두어서는 안 되며, 나의 행복은 다른 세상에 있고, 유일한 진짜 보배는 그리스도뿐이라는 사실을 스스로에게 상기시킵니다. 그리고 하나님의 은혜로 성공을 거두면, 하루나 이틀 정도는 그를 의식적으로 의지하며 올바른 원천에서 힘을 끌어오는 피조물로 삽니다. 그러나 위협이 물러가는 순간, 저의 전 본성은 대번 그 장난감들을 향해 달려가 버립니다. 심지어 위협 아래 있을 때 저를 지탱해 주던 유일한 버팀목을 마음에서 치워 버리려고 안달하기까지 하는데—하나님께서 용서해 주시기를—, 이제는 그것이 오히려 지난 며칠 간의 불행을 연상시키는 애물단지가 되어 버렸기 때문입니다.

시련의 필요성은 이처럼 너무나 분명합니다. 하나님은 고작 48시간 동안만 저를 소유하신 것이며, 그나마 그것도 다른 모든 좋은 것들을 제게서 빼앗으심으로써 겨우 가능한 일이었습니다. 그가 잠시라도 칼을 거두시면, 금세 저는 싫어하는 목욕을 끝낸 강아지 꼴이 되어 버립니다. 몸을 마구 흔들어 최대한 털을 말린 다음, 예전처럼 지저분해지고 싶어 가까운 거름더미로 내빼거나 그게 안 되면 가까운 꽃밭으로라도 내빼 버리지요. 하나님이 보시기에도 우리가 개조되었든지, 아니면 아예 개조의 가능성이 완전히 사라져 버리지 않는 한, 시련이 그칠 수 없는 이유가 바로 여기에 있습니다.

둘째로, 우리는 고통 그 자체—시련의 전 체계를 받치고 있는 중심점—에 대해 생각할 때, 우리의 상상 속에 있는 고통이 아니라 우리가 알고 있는 고통에 대해 생각하도록 유의해야 합니다. 이 책의 중심부를 인간의 고통에 할애하고, 동물의 고통은 다른 장에서 따로 다루는 이유 중 하나가 여기에 있습니다. 인간의 고통은 우리가 아는 바이지만, 동물의 고통에 대해서는 추측만 할 수 있을 뿐입니다. 그러나 인간의 고통을 다룰 때에도 직접 관찰한 경우만을 증거로 끌어와야 합니다. 소설가나 시인들은 마치 고난이 전적으로 나쁜 효과만 내는 것처럼, 고난을 겪는 사람에게 온갖 종류의 악의와 야수성을 불러일으킬 뿐 아니라 그런 악의와 야수성을 정당화시켜 주는 것처럼 표현하는 경우들이 있습니다. 물론 고통도 쾌락처럼 그런 효과를 낼 수 있는 것은 사실입니다. 자유의지를 가진 피조물에게 주어지는 모든 것은, 그것을 주는 자나 그것 자체의 본질이 아니라 받는 자의 본질에 따라 이중적인 효과를 내게 되어 있으니까요.[65] 고통의 악한 결과는 주변 사람들이 '그런 것이야말로 고통받는 사람이 마땅히 보여 주어야 할 남자다운 자세'라고 계속해서 부추길 경우에 더 배가될 수 있습니다. 다른 사람의 고난을 보고 분개하는 것은 관대한 감정이긴 하지만, 그럼에도 불구하고 그 분개가 고통받는 자들의 인내심과 인간다움을 빼앗고 그 자리에 분노와 냉소적인 마음을 심게 되지 않도록 잘 조정할 필요가 있습니다.

그렇게 대신 분개해 주는 사람들의 참견이 없는데도 고난에 그런 악을 우발시키는 자연스러운 성향이 있다고는 생각지 않습니다. 제가 본 바에 따르면, 전선(戰線)의 참호나 부상자 치료 후송소라고 해서 다른 곳보다 더 많은 미움과 이기심과 반항과 부정으로 꽉 차 있는 것은 아니었습니다. 오히려 저는 아주 큰 고난을 겪는

---

65) 고통의 이중적인 성격에 대해서는 부록을 참고하시기 바랍니다. *

사람들에게서 그만큼 큰 영혼의 아름다움을 발견하곤 했습니다. 저는 시간이 지날수록 사람들이 대체로 더 나빠지기보다는 더 나은 인간이 되어 가는 것을 보았고, 전혀 기대치 않았던 이들 또한 인생의 마지막 병을 앓으면서 용기와 온유함이라는 보배를 만들어 내는 것을 보았습니다. 저는 존슨이나 쿠퍼처럼 존경받고 사랑받는 역사적 인물들에게서도, 만약 그들이 좀더 평탄하게 살았더라면 참을 수 없는 단점이 되었을 특징들을 발견합니다.

세상이 정말 '영혼을 만드는 골짜기'라면, 세상은 대체로 그 역할을 잘 감당하고 있는 것 같습니다. 가난—현실적으로나 잠재적으로 다른 모든 고통을 내포하고 있는 고통—에 대해서는, 감히 제 경험을 가지고 이야기하지 않겠습니다. 기독교를 거부하는 사람들은 가난이 복되다는 그리스도의 말씀[66]에 감동받지 않을 것입니다. 그러나 저를 편들어 줄, 상당히 주목할 만한 사실이 한 가지 있습니다. 기독교를 단순한 '인민의 아편'으로 무시하며 거부하는 이들은 부자들, 즉 가난한 자들을 **제외한** 모든 인간을 경멸합니다. 그들은 가난한 자들이야말로 '일소'하지 않고 보전할 만한 유일한 사람들이라고 생각하며, 그들에게서 인류의 유일한 희망을 찾습니다. 그러나 이것은 가난이 전적으로 악한 영향을 끼친다는 믿음과 상반되는 태도로서, 더 나아가 '가난은 좋은 것'이라는 암시까지 들어

---

66) 마태복음 5장 3절, 누가복음 6장 20절.

있는 태도입니다. 결국 마르크스주의자들은 기독교가 역설적으로 요구하고 있는 두 가지 믿음—가난은 복된 것인 동시에 청산되어야 할 것이라는 믿음—에 사실상 동의하고 있는 셈입니다.

제7장 인간의 고통 II

자기가 있어야 할 자리에 있는 모든 것들은 이 **이차적인 영원한 법**을 따른다. 이 영원한 법을 따르지 않는 것들도 어느 정도는 **일차적인 영원한 법**의 명령을 받는다.

리처드 후커 Richard Hooker,

〈교회 정치법에 관하여 *Of the Laws of Ecclesiastical Polity*〉, I, iii, 1

이 장에서 저는 인간의 고난에 대한 이야기를 완결짓는 데 필요한 여섯 가지 명제를 제시하고자 하는데, 각기 연결된 사항이 아니므로 순서는 자의적으로 배열했습니다.

1. 기독교에는 시련에 관한 역설이 있습니다. 가난한 자는 복이 있지만, 그럼에도 불구하고 우리는 '심판'(예를 들어 사회 정의)과 기부금을 통해 가능한 한 모든 곳에서 가난을 청산해야 합니다. 우리는 핍박받을 때 복이 있지만, 핍박을 피하기 위해 이 도시에서 저 도시로 도망갈 수 있으며 우리 주님이 겟세마네 동산에서 그리 하셨듯이 핍박을 면하게 해 주시기를 기도할 수도 있습니다. 그러나 고난이 정말 좋은 것이라면 피하기보다는 추구해야 하지 않겠습니까? 저는 이에 대해 고난 그 자체는 좋은 것이 아니라고 대답하겠습니다. 고통스러운 경험의 유익은, 고난받는 당사자는 하나님의

뜻에 복종하게 되며 그의 고난을 목격한 사람들은 동정심을 품고 자비로운 행동을 하게 된다는 데 있습니다.

타락한 우주, 부분적으로만 구원받은 이 우주에서는 (1) 하나님으로부터 내려오는 순수한 선, (2) 반항하는 피조물들이 만들어 내는 순수한 악, (3) 하나님이 구원의 목적을 위해 그 악을 이용하시는 경우, (4) 그 결과 만들어지는 것으로서 고난을 받아들이고 죄를 회개함으로써 증진될 수 있는 복합적인 선, 이 네 가지를 구분해서 생각할 수 있습니다. 하나님이 순수한 악으로부터 복합적인 선을 만들어 내실 수 있다고 해서 순수한 악을 저지른 사람들의 책임이 면제되는—하나님의 자비로 구원받을 수는 있어도—것은 아닙니다. 이런 구분은 아주 중요합니다. 죄를 짓지 않을 수는 없지만, 죄를 지은 사람에게는 화가 임합니다. 죄는 **확실히** 은혜를 더하게 하지만, 그것을 빌미로 계속 죄를 지어서는 안 됩니다.[67] 십자가의 죽음 자체는 역사적 사건 중 최악의 사건인 동시에 최선의 사건이지만, 유다의 **역할**은 여전히 악한 것입니다.

우리는 이것을 다른 이들이 겪는 고난의 문제에 먼저 적용해 볼 수 있습니다. 어떤 자비로운 사람이 이웃의 유익을 위해 '순수한 선'과 의식적으로 협력하는 가운데 '하나님의 뜻'을 행하고 있다고 합시다. 반대로 어떤 잔인한 사람은 이웃을 학대하면서 순수한

---

67) 로마서 5장 20절–6장 3절.

악을 행하고 있었는데 하나님이 그의 동의 없이, 그도 모르는 사이에 그 악을 사용하여 복합적인 선을 만들어 내셨다고 합시다.

이때 첫번째 사람은 아들로서 하나님을 섬긴 것이고, 두번째 사람은 도구로서 하나님을 섬긴 것입니다. 여러분은 어떤 행동을 하든 하나님의 목적을 수행하게 되어 있습니다. 그러나 유다처럼 섬기느냐 요한처럼 섬기느냐가 문제입니다. 말하자면 전 체계는 선한 자와 악한 자의 충돌을 고려하여 만들어져 있으며, 꿋꿋함과 인내와 연민과 용서의 선한 열매가 맺히려면—잔인한 자들의 행동이 허용되는 것은 이 목적을 위해서입니다—대개는 선한 자들이 계속해서 순수한 선을 추구해야 합니다.

제가 "대개는"이라고 말하는 것은 때로 우리가 동료 인간에게 해를 입힐 수 있는(제 생각으로는 죽일 수도 있는) 권한을 부여받는 경우가 있기 때문인데, 그런 경우는 사태가 긴급하며 선한 결과를 얻을 수 있는 것이 분명하고 해를 입히는 사람이 통상적으로(늘 그런 것은 아니지만) 명확한 권위—자연이 부여하는 부모의 권위, 시민 사회가 부여하는 행정관이나 군인의 권위, 대부분의 경우 환자가 부여하는 의사의 권위—를 가지고 그렇게 행동할 때에만 허용되어야 합니다. 이것을 '고통은 저들에게 좋은 것이므로' 인간을 괴롭힐 수 있다는 일반적인 선언으로 바꾸어 버리는 것은(스스로 "하나님의 채찍"이라며 큰소리쳤던 말로Christopher Malowe의 미치광이 주인공 탬벌레인처럼), 사실 하나님의 계획을 무너뜨리는 짓이라기보다는 그 계획 안에서 사탄의 자리를 맡겠다고 자원하는 짓입니다. 여러분이 이처럼 사탄의 역할을 맡겠다면, 사탄이 받을 대가 또한 감수할 준비를 해야 합니다.

우리 자신의 고통을 피하는 문제에 대해서도 이와 비슷한 해결책을 제시할 수 있습니다. 어떤 금욕주의자들은 자기 학대를 수행의 한 방법으로 사용해 왔습니다. 평신도인 저로서는 그것이 과연 신중한 방법인지에 대해 의견을 제시할 생각이 없습니다. 그러나 자기 학대의 장점이 무엇이든 간에 그것은 하나님이 보내시는 시련과 상당히 다른 것이라는 점만큼은 강조하고 싶습니다. 뜻하지 않게, 또는 돈이 없어서 저녁을 거르는 것이 금식과 다르다는 것은 누구나 아는 사실입니다. 금식은 의지를 발휘하여 욕망을 거스르는 일로서, 여기에는 극기라는 상급과 교만이라는 위험이 따릅니다. 본의 아니게 굶는 것은 욕망과 의지를 함께 하나님의 뜻에 굴복시키는 일로서, 우리에게 복종의 기회를 제공하기도 하고 우리를 반항의 위험에 노출시키기도 합니다.

그런데 고난이 가져오는 구속(救贖)적인 효과는 주로 그러한 반항 의지를 감소시킨다는 데 있습니다. 의지를 강화시키는 금욕 수행은 오직 의지가 집안 단속(즉 자기 열정의 단속)을 잘하게 해 준다는 점에서 유용한 것으로서, 전인(全人)을 하나님께 바치기 위한 준비단계에 불과합니다. 금욕 수행은 하나의 수단으로 필요합니다. 그러나 그 자체가 목적이 되면 혐오스러워집니다. 의지가 욕망을 대신하는 데 그침으로써, 동물적 자아를 악마적 자아로 교체하는 것에 불과해지기 때문입니다. 그러므로 "고행시키는 것은 하나님의 소관이다"라는 것은 옳은 말입니다.

시련은 인간이 대개 합법적인 수단을 통해 자연적인 악을 피하며 자연적인 선을 얻기 위해 애쓰는 세상에서 제 역할을 감당하게 되어 있으며, 또 그런 세상을 전제로 하고 있습니다. 의지를 하나님께 복종시키려면, 그렇게 복종시킬 의지가 우리에게 있어야 하며 그렇게 의지를 복종시킬 대상들이 있어야 합니다. 기독교의 자기 부인은 스토아 철학에서 말하는 '무감한 상태'(Apathy)를 뜻하는 것이 아니라, 본질적으로 합법적인 목적들을 추구하되 하나님을 그보다 앞세울 준비가 되어 있는 마음자세를 뜻합니다. 그렇기 때문에 그 완전한 분(Perfect Man)이 '고난과 죽음을 피하는 것이 아버지의 뜻에 맞는다면 피하고 싶다'는 의지, 그러나 아버지의 뜻에 맞지 않는다면 기꺼이 순종하겠다는 마음과 결합되어 있던 그 강력한 의지를 겟세마네까지 품고 가셨던 것입니다.[68]

어떤 성인(聖人)들은 제자의 삶을 시작하는 그 순간부터 '전적인 자기 부인'을 하라고 권유합니다. 그러나 이것은 앞으로 요구받을지 모르는 모든 특정한 자기 부인의 상황에 대해 완전한 준비를 갖추고 있으라는 말로밖에 들리지 않습니다.[69] 그처럼 오직 하나님께

---

68) 마태복음 26장 36-39절.

복종하겠다는 의지만 가지고 매 순간 산다는 것은 불가능한 일이기 때문입니다. 그럴 경우에 도대체 무엇을 복종의 **재료**로 삼겠다는 것입니까? "내가 뜻하는 바는, 내가 뜻하는 바를 하나님의 뜻에 복종시키는 것"이라는 말이 모순되게 들리는 것은 두번째 "내가 뜻하는 바"에 **아무** 내용도 들어 있지 않기 때문입니다. 우리 모두가 고통을 피하는 일에 지나치게 많은 신경을 쓰고 있다는 것은 의심할 여지 없는 사실입니다. 그러나 적당한 한도 안에서 합법적인 수단을 통해 고통을 피하고자 하는 것은 '자연'—즉 시련의 구속적인 역할을 고려하여 만든 피조세계의 전 작동 체계—에 부합되는 일입니다.

그러므로 세상을 처음보다 '낫게' 만들어야 할—심지어 현세적인 의미에서 볼 때에도—우리의 의무를 강력하게 강조하는 기독교의 태도와 고난에 대한 기독교의 관점이 서로 배치된다고 보는 것은 잘못입니다. 주님은 마지막 심판을 가장 상세하게 묘사한 비유에서 모든 덕을 실제적인 선행으로 축소시켜 말씀하시는 것처럼 보입니다.[70] 이것은 복음서 전체와 분리해서 생각할 때에는 오해를 불러일으킬 수 있는 묘사이지만, 그럼에도 불구하고 기독교 사회 윤리의 근본 원칙을 확실히 보여 준다고 할 수 있습니다.

---

69) 로렌스 수사Brother Lawrence, 〈하나님의 임재 연습 *Practice of the Presence of God*〉, 네번째 대화, 1667년 11월 25일 참조. "우리가 느끼는 모든 것을 마음으로 한 번 포기한다고 해서 하나님께 나아갈 수는 없습니다." *
70) 마태복음 25장 31–46절.

2. 시련이 구속의 필수 요소라면, 하나님 보시기에 세상이 이미 구속되었거나 더 이상 구속할 수 없는 상태가 되기 전까지는 시련이 멈추지 않을 것을 예상해야 합니다. 그러므로 그리스도인은 우리의 경제, 정치, 혹은 위생 체제가 개혁되기만 하면 지상에 천국이 이루어질 것이라고 약속하는 그 어떤 사람의 말도 믿을 수 없습니다. 이 말이 사회운동가들을 의기소침하게 만드는 것처럼 들릴 수도 있지만, 사실은 그렇지 않습니다. 오히려 같은 인간으로서 함께 불행을 겪고 있다는 강력한 연대감은, 우리가 도덕법을 깨뜨리면서까지 실현하고 싶어하는 무모한 희망, 막상 실현하고 나면 먼지와 재밖에 남지 않는 그 어떤 희망 못지 않게 인간의 모든 불행을 최대한 제거하도록 박차를 가하는 훌륭한 역할을 합니다.

'현재의 악을 제거하려는 시도가 활발히 일어나게 하려면 가상의 지상 천국이 필요하다'는 이론의 불합리성은, 이 이론을 개인의 삶에 적용해 볼 때 즉각 드러납니다. 배고픈 사람이나 아픈 사람은 지금 당장 음식을 얻고 치료를 받는다 해도 여전히 삶의 기복이 자신들을 기다리고 있다는 것을 알면서도 음식을 구하며 치료를 원합니다. 저는 지금 사회 체제의 급격한 변화가 바람직하냐 그렇지 않으냐에 대해 논하고 있는 것이 아닙니다. 다만 한 가지 특정한 약을 불로장생제로 착각해서는 안 된다는 점을 독자들에게 상기시키고자 할 뿐입니다.

3. 정치적인 문제에 부딪치게 된 이상, 기독교가 말하는 자기 양

도와 순종의 교리는 순전히 신학적인 것으로서 정치적인 주의(主義)들과는 아무 상관이 없다는 점을 분명히 짚고 넘어가야겠습니다. 지금까지 제가 한 말들은 정부의 형태나 시민의 권위나 시민의 순종 문제와 하등 관련이 없습니다. 피조물이 창조자에게 바쳐야 할 순종의 종류와 수준이 유일무이한 것은, 피조물과 창조주의 관계 자체가 유일무이한 것이기 때문입니다. 거기에서 정치적인 명제를 추론해 낼 수는 없습니다.

4. 저는 고난에 대한 기독교 교리가 우리가 살고 있는 세상과 관련하여 아주 기이한 사실 하나를 설명해 준다고 믿습니다. 우리는 모두 확고한 행복과 안전을 갈망하지만, 하나님은 세상의 본성상 그것을 허락지 않으십니다. 그러나 기쁨과 쾌락과 즐거움은 널리 퍼뜨려 놓으셨습니다. 우리는 결코 안전하지 않지만, 풍성한 재미와 얼마간의 황홀함을 누립니다.

하나님이 그렇게 만드신 이유를 알기란 어렵지 않습니다. 우리가 갈구하는 안전은 우리 마음을 세상에 안주시킴으로써 하나님께 돌아가지 못하게 만드는 장애물이 될 수 있습니다. 그러나 잠깐 동안의 행복한 사랑, 아름다운 경치, 교향악, 친구들과의 즐거운 만남, 목욕, 축구경기에는 그런 성향이 없습니다. 우리 아버지께서는 여행길에 기분 좋은 여관에 들러 원기를 회복하게 해 주시지만, 그 여관들을 우리 집으로 착각하게 만드시지는 않습니다.

5. 우리는 "상상할 수 없는 인간 불행의 총화"라는 막연한 말로

고통의 문제를 실제 모습보다 악화시켜서는 안 됩니다. 제가 지금 x만큼의 치통을 겪고 있다고 합시다. 그리고 제 옆에 앉아 있는 사람에게도 x만큼의 치통이 생기기 시작했다고 합시다. 그럴 때 그 방 안에 있는 고통의 합계는 $2x$라고 말할 수 있습니다. 그러나 이때 실제로 $2x$의 고통을 겪고 있는 사람은 아무도 없다는 사실을 기억할 필요가 있습니다. 모든 시간과 공간을 다 뒤져 보십시오. 그 어느 누구의 의식 속에서도 그 합성된 고통을 찾아 내지 못할 것입니다. 고통의 총화라는 것은 없습니다. 그 총화를 겪는 사람이 아무도 없기 때문입니다. 한 사람이 겪을 수 있는 최대치의 고통에 도달했다는 것은—그 자체로도 아주 끔찍한 일임이 분명하지만—그가 우주 안에 존재할 수 있는 최고의 고통에 도달했다는 뜻입니다. 백만 명이 겪는 고통을 합친다고 해서 고통이 더 커지는 것은 아닙니다.

6. 모든 악 중에 오직 고통만이 살균 소독된 악입니다. 지적인 악 또는 잘못은 첫번째 잘못을 저지르게 만든 원인(피곤이나 악필 같은)이 계속 작용함으로써 재발될 수 있습니다. 그러나 그와 별개로, 잘못은 그 본성상 또 다른 잘못을 낳게 되어 있습니다. 논증의 첫 단계가 틀리면, 다음 단계들도 전부 틀릴 수밖에 없습니다. 죄도 원래의 유혹이 지속됨으로써 재발될 수 있습니다. 그러나 그와 별개로, 죄 또한 그 본성상 죄짓는 습관을 강화시키고 양심을 약화시킴으로써 또 다른 죄를 낳게 되어 있습니다. 고통도 다른 악들처럼

첫번째 고통을 일으킨 원인(병이나 원수)이 여전히 작용함으로써 재발될 수 있습니다. 그러나 고통에는 그 본성상 증식하는 성향이 없습니다. 고통이 끝났다면 그것은 말 그대로 끝난 것으로서, 그 후에는 자연스럽게 기쁨이 뒤따라 오게 되어 있습니다.

이 차이를 달리 표현해 보겠습니다. 여러분이 잘못을 저질렀다면 그 원인(피곤이나 악필)을 제거해야 할 뿐 아니라 그 잘못 자체도 바로잡을 필요가 있습니다. 또 죄를 지었다면 가능한 한 그 죄를 짓게 만든 유혹을 제거해야 할 뿐 아니라 돌이켜 그 죄 자체를 회개해야 합니다. 즉 두 경우 모두 '복구'가 요구되는 것입니다. 그러나 고통에는 그러한 복구가 요구되지 않습니다. 고통을 일으켰던 병을 치료할 필요는 있지만, 일단 종료된 고통은 더 이상 아무런 영향도 끼치지 못합니다. 반면에 바로잡지 않은 잘못과 회개하지 않은 죄는 그 본성상 새로운 잘못과 새로운 죄를 끊임없이 흘려 내보내는 원천이 됩니다.

또 내가 잘못을 저질렀을 때 그 잘못은 나를 믿는 모든 이들에게 영향을 끼칩니다. 내가 공적으로 죄를 지을 때, 목격자들은 그것을 묵과함으로써 공범이 되거나, 정죄함으로써 사랑과 겸손을 잃을 위기에 처합니다. 그러나 고난은 본질적으로 목격자들에게(그들이 특별히 타락한 자들만 아니라면) 나쁜 효과가 아니라 좋은 효과, 즉 연민을 불러일으킵니다. 이처럼 하나님이 '복합적인 선'을 만드는 데 주로 사용하시는 그 악은 가장 확실하게 소독되어 있는 악, 또

는 악에 일반적으로 나타나는 최악의 특징인 증식의 성향이 없는
악입니다.

제8장 지옥

오 병사들아, 세상이란 무엇이냐?
그것은 나다:
나, 이 끊임없이 내리는 눈,
이 북쪽 하늘;
병사들아, 우리가 통과해 가는
이 고독이
나다.

W. 드 라 메어 W. De La Mare '나폴레옹 *Napoleon*'

리처드는 리처드를 사랑해; 즉, 나는 나라구.

윌리엄 셰익스피어 William Shakespeare, 〈리처드 3세 *Richard III* 〉, 5막 3장

앞장에서 우리는, 고통만이 만사가 잘 돌아가고 있는 것이 아님을 악인에게 일깨워 줄 수 있음에도 불구하고 그 악인이 끝끝내 자신의 반역을 회개하지 않을 수도 있다는 사실을 인정한 바 있습니다. 또한 인간에게는 자유의지가 있어서 인간에게 주어지는 모든 선물은 이중적인 효과를 갖게 된다는 점도 인정했습니다. 이러한 전제에 즉각 따라오는 결론은, 세상을 구속하려는 하나님의 수고가 모든 영혼에게서 열매를 거두리라는 보장이 없다는 것입니다. 어떤 이들은 구속되지 못할 것입니다.

제 마음대로 할 수만 있다면 이보다 더 없애 버리고 싶은 기독교 교리도 없습니다. 그러나 이것은 성경뿐 아니라 특히 우리 주님 자신의 말씀으로부터 전폭적인 지지를 받고 있는 교리입니다. 기독교 세계는 언제나 이 교리를 견지해 왔습니다.

또한 이것은 이성의 지지를 받는 교리이기도 합니다. 경기를 하려면 질 수도 있어야 합니다. 피조물의 행복이 자기 양도에 있다고 할 때, 그처럼 자기를 양도할 수 있는 주체는 오직 그 피조물 자신으로서(물론 많은 것들의 도움을 받을 수는 있지만) 그는 그 일을 거부할 수 있습니다. 저는 진실로 "모든 사람이 구원받을 것"이라고 말할 수만 있다면 어떤 대가라도 치를 용의가 있습니다. 그러나 저의 이성은 이렇게 응수합니다. "그들의 의지와 상관없이? 아니면 그들의 의지로?" "그들의 의지와 상관없이"라고 할 때, 저는 즉시 모순을 느낍니다. 자기 양도라는 지극히 자발적인 행위를 어떻게 비자발적으로 할 수 있단 말입니까? 또 "그들의 의지로"라고 할 때, 저의 이성은 "그들에게 자기를 포기할 **뜻이 없다면** 어떻게 되는 것인가?"라고 대꾸합니다.

지옥에 대한 주님의 말씀은 다른 말씀이 다 그렇듯이 우리의 지적 호기심을 채워 주기 위해 주어진 것이 아니라 우리의 양심과 의지를 일깨우기 위해 주어진 것입니다. 무시무시한 가능성이 있다는 사실을 확신시킴으로써 우리를 행동으로 이끌 수 있다면, 이 말씀은 원래의 의도를 다 성취시켰다고 할 수 있을 것입니다. 만약 세상 사람 모두가 이 같은 확신을 가진 그리스도인들이라면 이 주제에 대해 더 말할 필요도 없겠지요. 그러나 현재 이 교리는 기독교를 야만적이라고 공격하며 하나님의 선함에 이의를 제기하는 이들의 주된 근거 중 하나가 되어 있는 실정입니다. 사람들은 이 교리가 혐오감을 준다고 말하며—사실 저도 마음 밑바닥에서는 이 교리에 혐오감을 느끼고 있습니다—, 이 교리를 믿을 때 어떤 비극이 인간의 삶에 찾아오는지를 상기시킵니다. 반면에 이 교리를 믿지 않을 때 찾아오는 다른 비극들에 대해서는 말을 아끼지요. 이런 이유들 때문에, 오직 이런 이유들 때문에 우리는 지옥의 문제를 논의할 필요가 있는 것입니다.

문제는 단지 하나님이 어떻게 자기 피조물의 일부를 최종적인 멸망에 내주실 수 있느냐 하는 데 있지 않습니다. 우리가 회교도였다면 그것이 문제가 되었겠지요. 그러나 언제나 그렇듯이 실재의 복잡성에 충실한 기독교는 한층 더 까다롭고 모호한 문제—피조물의 최종적인 멸망을 막기 위해 친히 인간이 되어 고통스럽게 죽을 정도로 자비가 충만하신 하나님이, 그 극단적인 치료법마저 듣지 않을 때 왜 완력을 써서라도 멸망을 저지하려 들지 않는 것처럼 보이느냐, 아니 그렇게 하실 능력이 없는 것처럼 보이기까지 하느냐—를 제기합니다. 조금 전에 저는 이 **교리**를 제거할 수만 있다면 "어떤 대가라도" 치르겠노라고 입심 좋게 말한 바 있습니다. 그러나 그것은 거짓말이었습니다. 저는 그 **사실**을 제거하기 위해 하나님이 이미 지불하신 대가의 천분의 일도 지불하지 못할 사람입니다. 여기에 진짜 문제가 있습니다. 즉 하나님의 자비가 그처럼 큰데도 왜 지옥은 여전히 존재하느냐 하는 것입니다.

지금 저는 이것이 그럭저럭 받아들일 만한 교리라는 점을 입증하려는 것이 아닙니다. 착각하지 맙시다. 이것은 그럭저럭 받아들일 만한 교리가 **아닙니다**. 그러나 보통 여기에 제기되는 반발이나 반감에 대해 비판함으로써, 이 교리의 도덕적인 성격을 밝힐 수는 있다고 생각합니다.

첫째, 응보적 처벌이라는 개념 자체를 반대하는 사람들이 많이 있습니다. 이 점에 대해서는 전에 부분적으로 다룬 바 있습니다. 그때 저는 거기에서 공과(功過) 중 과(過)의 개념과 응보(應報)의 개념을 빼 버린다면 모든 처벌이 부당한 것이 된다고 주장했습니다. 그리고 보복의 열정 자체는 '악인이 자기 악에 전적으로 만족하도록 내버려 두어서는 안 되며, 정확히 다른 사람들이 보는 눈으로 자기 행동을 보게—즉 그것을 악으로 보게—해야 한다' 는 요구로서, 우리는 거기에서 의(義)의 핵심을 발견하게 된다고도 했습니다. 저는 고통이 반역자들의 요새 안에 진리의 깃발을 꽂는다고 말했습니다. 그때 우리는 아직 회개에 이를 가능성이 있는 고통에 대해 이야기했습니다. 그런데 결국 회개하지 않았을 경우—깃발만 꽂았을 뿐 더 이상의 정복이 이루어지지 않았을 경우—에는 어떻게 될까요?

정직하게 생각해 봅시다. 배신과 잔인한 짓을 거듭한 끝에 부와 권력의 자리에 오른 사람이 있다고 상상해 보십시오. 그는 순전히 이기적인 목적을 위해 희생자들의 숭고한 동기를 악용했으며, 그들의 순진함을 비웃었습니다. 또 그렇게 거둔 성공을 자기 정욕과

증오심을 채우는 데 이용했고, 도둑들 간에도 지켜야 할 일말의 도의마저 저버린 채 공범자들을 배신한 후 뒤통수를 맞고 환멸감 속에 죽어 가는 그들을 조롱했습니다. 더 나아가 이런 짓들을 저지르면서도 양심의 가책이나 불안을 느끼기는커녕(우리가 상상하고 싶어 하는 바와는 달리) 학생처럼 잘 먹고 건강한 어린애처럼 잘 잤다고—자기만이 삶의 비결을 터득한 자로서, 자신은 바보 같은 하나님이나 인간들보다 한 수 높은 인간일 뿐 아니라 자기 삶의 방식이야말로 지극히 성공적이고 만족스러우며 확고한 것임을 추호의 의심 없이 확신하는 가운데 세상에 걱정할 것 하나 없이 살고 있는 유쾌하며 혈색 좋은 인간이라고—가정해 보십시오.

여기에서 주의해야 할 점이 하나 있습니다. 복수의 열정에 조금이라도 빠져드는 것은 아주 치명적인 죄입니다. 기독교적인 사랑은 그런 원수를 회심시키기 위해 모든 노력을 기울이라고, 우리 목숨이나 영혼이 위험에 처하는 한이 있더라도 그가 벌을 받는 편보다는 회심하는 편을 더 바라라고, 그렇게 되기를 한없이 더 바라라고 권면합니다. 그러나 그것은 지금 우리가 다루고자 하는 질문이 아닙니다. 만약 그에게 끝끝내 회심할 뜻이 없다면, 영원한 세상에서 어떤 운명에 처해지는 것이 알맞다고 생각합니까? 그런 사람이 **현재 모습을 그대로 유지한 채**(자유의지가 있다면 분명히 가능한 일입니다) 지금의 행복을 영원히 확고하게 누리게 되기를—자신이 승자임을 더없이 확신하는 상태가 영원히 계속되기를—정말로 바랍니까? 그런 상황을 도저히 받아들이지 못하는 것은 단순히 여러분이 악독한—악의를 가진—탓입니까? 한물 간 신학 쪼가리로 보였던 정의와 자비 간의 갈등이 여러분 자신의 마음 속에 실제로 일어나고 있으며, 그 갈등이 밑에서부터 온 것이 아니라 위에서부터 온 것 같다는 느낌이 강하게 들지는 않습니까?

여러분을 움직이고 있는 것은 그 비열한 인간이 고통받기를 바라는 따위의 욕망이 아니라, 늦기 전에 정의가 옹호되어야 한다는 요구, 설사 더 완전하고 충분하게 정복할 수는 없다 해도 적어도 이 지독히도 반역적인 영혼 안에 진리의 깃발만큼은 꽂아야 한다는 참으로 윤리적인 요구입니다. 설사 그 후에 그가 선해지지 않는다 해도 스스로 실패자요 잘못된 존재임을 아는 것은 어떤 의미에서 그에게 더 나은 일입니다. 아무리 자비로운 마음을 가진 사람도 이런 인간이 그토록 무서운 환상에 빠진 채 영원히 만족하며 지내기를 바랄 수는 없습니다.

아리스토텔레스가 수치심에 대해 그렇게 말했듯이, 토마스 아퀴나스Thomas Aquinas도 고통 자체는 좋은 것이 아니지만 특정한 상황에서는 미덕을 지닐 수 있다고 말했습니다. 즉 악이 존재한다면, 고통은 그 악을 인지하게 만드는 일종의 지식으로서 상대적으로 선하다는 것입니다. 고통을 피할 경우 그 영혼은 악에 대해 무지해지거나 악이 자신의 본성에 반하는 것임을 모르게 되는데, 이 것은 "두 가지 다 **명백히** 나쁜 일"[70]이라고 철학자는 말합니다. 두렵고 떨리는 말이긴 하지만, 모든 사람이 이에 동의하리라고 생각합니다.

이런 인간을 지금 모습 그대로 용서하시라고 하나님께 요구하는 것은 묵과와 용서를 혼동하는 데서 나온 태도입니다. 악을 묵과하는 것은 악을 무시하는 것이며 악을 선처럼 취급하는 것입니다. 용서가 이루어지려면 용서를 베푸는 쪽뿐 아니라 받아들이는 쪽도 있어야 합니다. 자기 죄를 인정하지 않는 사람은 어떤 용서도 받아들일 수 없습니다.

하나님이 내리시는 적극적인 응보적 처벌로서 지옥의 개념부터 먼저 이야기한 것은, 이 개념이야말로 응보적 처벌의 교리가 가장 불쾌하게 표출된 형태이기 때문입니다. 저는 반대가 가장 거센 부분부터 다루고 싶었습니다. 물론 우리 주님은 심판석에서 지옥이 선고되는 경우에 대해서도 자주 말씀하셨지만, 사실 인간들이 빛보다 어둠을 더 좋아한다는 사실 자체가 심판이며 그 자신이 인간들을 심판하시는 것이 아니라 그의 "말"이 심판하신다는 사실도 밝히셨습니다.[72]

그러므로 우리는 이 악한 인간이 지옥의 선고를 받아 파멸하는 것이 아니라, 지금 모습 그 자체가 이미 파멸을 뜻한다고 자유롭게—그 두 개념은 결국 같은 의미이므로—생각할 수 있습니다. 구

---

71) 〈신학대전 Summa Theologiae〉, I, II^{ae}, Q.xxxix, Art.1*
72) 요한복음 3장 19절, 12장 48절. *

원받지 못한 영혼의 특징은 "자기 자신 외의 것은 무엇이든지 거부한다"[73]는 데 있습니다. 우리가 상상 속에 그려 낸 이 이기주의자는 자기가 만나는 모든 것을 자아의 식민지 내지는 부속물로 삼으려 했습니다. 타자에 대한 기호(taste), 즉 선한 것을 즐기는 역량 자체가 소멸되어 버린 것입니다. 물론 아직은 몸을 가지고 있으므로 외부세계와 어느 정도 초보적인 접촉은 합니다. 그러나 죽음과 함께 그 마지막 접촉점마저 사라져 버립니다. 마침내 자기 소망—전적으로 자아 안에만 머물면서 거기서 얻는 것에 만족하겠다는 소망—이 이루어지는 것이지요. 결국 그가 얻는 것은 지옥입니다.

또 다른 반대의견은 일시적인 죄 때문에 영원한 저주를 받는다는 것은 확실히 형평에 맞지 않는 일이라는 것입니다. 영원을 단순한 시간의 연장으로 생각할 경우에는 그 말이 맞습니다. 그러나 많은 이들은 영원을 이런 개념으로 생각하기를 거부할 것입니다. 시간을 선(線)으로 본다면—이것은 시간의 부분들이 연속되어 있으며 어떤 부분도 겹치지 않는다는 점에서, 즉 시간에는 폭이 없고 길이만 있다는 점에서 유익한 이미지입니다—, 아마도 영원은 면이나 입체로 보아야 할 것입니다.

이렇게 볼 때 한 인간의 전(全) 실재는 입체의 형태로 그려집니

---

73) 프리드리히 폰 휘겔 남작Baron Friedrich von Hügel, 〈에세이와 연설 *Essays and Addresses*〉, 1st series, '천국과 지옥은 무엇을 의미하는가? *What do we mean by Heaven and Hell?*'를 보십시오. *

다. 그 입체는 주로 은혜와 자연을 통해 행하시는 하나님의 작품이지만, 인간의 자유의지 또한 우리가 지상의 생애라고 부르는 그 입체의 기준선을 그리는 데 기여한다고 할 수 있습니다. 여러분이 기준선을 비뚜로 그리면 입체 전체가 제자리를 잡지 못할 것입니다. 인생이 짧다는 것, 즉 이 상징을 빌리자면 인간이 전 복합체의 작은 선 하나만을 담당한다는 것은 하나님의 자비라고 할 수 있습니다. 우리의 자유의지에 맡겨진 그 작은 선 하나도 잘못 그려서 전체를 망칠 때가 많은데, 하물며 더 많은 부분을 맡았다면 얼마나 더 엉망으로 만들어 놓았겠습니까?

같은 반대의견이 좀더 단순하게 표현된 형태로서, 죽음이 끝이어서는 안 되며 마땅히 두번째 기회를 주어야 한다고 주장하는 입장이 있습니다. 그렇게 해서 도움이 될 것 같았으면, 아마 백만 번이라도 더 기회를 주셨을 것입니다. 그러나 아이나 부모는 몰라도 선생님은 종종 알고 있는 바처럼, 아이에게 시험을 다시 치를 기회를 준다 한들 사실은 아무 소용이 없습니다. 언제든 끝은 와야 하는 법이고, '전지하신 분이 그때를 아신다'는 것은 대단한 믿음이 없는 사람도 믿을 수 있는 일입니다.

세번째 반대의견은 중세 예술과 어떤 성경구절들이 보여 주는 지옥의 무서운 고통에 대한 것입니다. 폰 휘겔은 이에 대해 교리를 전달하는 수단으로 사용되는 **이미지**와 교리 그 자체를 혼동하지 말라고 경고합니다. 우리 주님은 지옥에 대해 말씀하실 때 세 가지

상징을 사용하셨습니다. 첫째는 형벌의 상징("영벌", 마태복음 25장 46절)이고, 둘째는 파멸의 상징("오직 몸과 영혼을 능히 지옥에 멸하시는 자를 두려워하라", 마태복음 10장 28절)이며, 셋째는 혼인 예복을 입지 않은 남자에 대한 비유나 슬기로운 처녀들과 어리석은 처녀들에 대한 비유에 나타나는 바, "바깥 어두움"으로 쫓겨나는 추방이나 박탈, 배제의 상징[74]입니다. 가장 널리 알려져 있는 불의 이미지는 극심한 괴로움과 파멸의 개념을 아우른다는 점에서 의미심장합니다. 분명한 점은 이 모든 표현들의 의도가 무언가 말할 수 없이 무서운 것을 제시하려는 데 있다는 사실입니다. 이 사실을 직시하지 않는 해석은, 유감스럽지만 일고의 가치도 없습니다. 물론 그렇다고 파멸과 박탈을 제시하는 이미지들은 도외시한 채 극심한 괴로움의 이미지에만 집중할 필요는 없지요.

이 세 가지 이미지 모두 적절한 상징이 될 수 있게 해 주는 특징이 무엇입니까? 우리는 파멸이란 그 대상을 무위로 돌아가게 만들거나 중단시키는 것이라고 자연스럽게 생각합니다. 그리고 사람들은 흔히 영혼이 본질적으로 '멸절' 될 수 있는 것처럼 말합니다. 그러나 우리의 경험에 따르면, 어떤 것이 파괴된다는 것은 곧 그것과 다른 무언가가 출현한다는 뜻입니다. 통나무를 태우면 가스와 열과 재가 나옵니다. **전에 통나무였던 것은** 이제 이 세 가지를 의미

---

74) 마태복음 22장 1-14절, 25장 1-13절.

합니다. 그렇다면 영혼이 파멸될 수 있다고 할 때, **전에 인간의 영혼이었던 상태** 또한 존재하지 않겠습니까? 그리고 그 상태란 아마도 괴로움과 파멸과 박탈로 똑같이 적절히 묘사될 수 있는 상태가 아니겠습니까?

여러분은 그 비유에서 구원받은 자들은 그들을 위해 준비된 장소로 간 반면, 저주받은 자들은 인간을 위해 준비된 곳이 아닌 장소로 갔다는 사실을 기억할 것입니다.[75] 천국에 들어간다는 것은 이 땅에서 살 때보다 더 인간다워진다는 뜻입니다. 반면에 지옥에 들어간다는 것은 인간성을 박탈당한다는 뜻입니다. 지옥에 던져지는(또는 스스로 뛰어들어가는) 것은 인간이 아니라 인간의 '잔해'입니다. 완전한 인간이 된다는 것은 자신의 열정을 의지에 순종시키며 그 의지를 하나님께 바친다는 것입니다. **전에 인간이었던 것—**전(前) 인간(ex-man) 내지는 '저주받은 혼령'—이란 곧 전적으로 자아에 집중된 의지와, 의지의 통제를 전혀 받지 않는 열정으로 구성된 존재라는 뜻일 것입니다. 물론 그러한 피조물, 죄인이라고 하기보다는 상극의 죄들이 성기게 뭉쳐 있는 덩어리라고 해야 할 피조물의 의식 상태가 어떤 것인지 상상하기란 불가능합니다.

"지옥은 지옥의 관점에서 볼 때 지옥이 아니라 천국의 관점에서 볼 때 지옥"이라는 말에는 일말의 진리가 들어 있습니다. 저는 이

---

75) 마태복음 25장 34, 41절.*

말이 우리 주님의 말씀이 보여 주는 엄격함과 모순된다고 생각지 않습니다. 오직 저주받은 자들만이 자기 운명을 그렇게 못 견딜 상태는 아닌 것으로 받아들일 수 있는 법입니다.

우리는 영원에 대해 생각하는 이 마지막 몇 장에서 선과 악이 점점 더 광대하게 그 모습을 드러냄에 따라, 지금껏 그토록 오래 주의를 기울여 온 고통과 쾌락의 범주가 점점 희미해지기 시작했다는 점을 인정하지 않을 수 없습니다. 고통이나 쾌락 자체는 최종적인 것이 아닙니다. 구원받지 못한 이들이 고통은 없고 쾌락은 많은 경험(그것을 경험이라고 부를 수 있을지 모르겠지만)을 하는 것이 가능하다 해도, 그 쾌락이란 저주받지 않은 영혼이라면 누구나 악몽을 꾼 것처럼 공포에 떨며 기도의 자리로 달려가게 만드는 어두운 쾌락일 것입니다. 반면에 천국에 고통이라는 것이 있다 해도, 그 고통이란 이해력이 있는 사람이라면 누구나 갈망할 만한 고통일 것입니다.

네번째 반대 의견은, 사랑이 있는 사람이라면 단 한 영혼이 지옥에 있다 해도 천국에서 행복하게 지내지 못하리라는 것입니다. 그렇다면 우리가 하나님보다 더 자비롭다는 말입니까? 이러한 반대 의견은 영국과 미국의 역사가 공존하듯 천국과 지옥도 단선적인 시간 선상에 공존하고 있는 그림을 머릿속에 그린 결과, 천국에 있는 자가 매 순간 "**지금도** 지옥의 불행은 계속되고 있다"고 말할 수 있는 것처럼 생각하기 때문에 생기는 것입니다. 그러나 저는 우리 주님이 한 치의 양보 없는 엄격함으로 지옥의 공포를 역설하신 경우에도 대개 지속성(duration)의 개념보다는 궁극성(finality)의 개념을 강조하셨다는 데 주목합니다. 파멸시키는 불에 넘겨지는 일은 대개 이야기의 끝—새로운 이야기의 시작이 아니라—으로 취급됩니다. 구원받지 못한 영혼의 악마적인 태도가 영원히 고착된다는 사실은 의심할 여지가 없습니다. 그러나 이처럼 영원히 고착된다는 것이 곧 끝없는 지속—어쨌든 지속된다는 것—을 의미하는지는 알 수 없는 일입니다. 에드윈 베번 Edwyn Bevan 박사는 이 점에 대해 몇 가지 흥미로운 견해를 밝히고 있습니다.[76] 우리가 지옥보다 천국에 대해 더 많이 아는 것은, 그곳이 인간성의 본향으로서 영광을 얻은 인간의 삶이 함축하는 바를 모두 지니고 있기 때문입니다. 그러나 지옥은 인간을 위해 만들어진 곳이 아닙니다. 지옥은 결코 천국과 **평행선상**에 있지 않습니다. 지옥은 "바깥 어두움", 존재가 비존재로 사라지는 바깥 테두리입니다.

마지막으로, 한 사람의 영혼이라도 궁극적으로 잃어버리는 것은 전능하신 분의 실패를 의미하는 것이 아니냐는 반대의견이 있습니다. 그 말대로 전능하신 분은 실패했습니다. 그러나 그는 자유의지를 가진 존재들을 창조하셨을 때부터 그런 실패의 가능성을 감수하셨습니다. 여러분이 실패라고 부르는 것을 저는 기적이라고 부

---

76) 〈상징과 믿음 *Symbolism and Belief*〉, 101.*

릅니다. 자기 자신이 아닌 것을 만듦으로써 어떤 의미에서 자기 작품에게 거부당할 수 있는 존재가 되신 것은 하나님의 위업 중에서도 가장 놀라운 일이자 상상을 초월하는 일이기 때문입니다. 저는 저주받은 자들이야말로 어떤 의미에서 최후까지 반역에 성공한 자들이라는 것, 지옥의 문은 **안쪽에서** 잠겨 있다는 것을 믿는 데 망설임이 없습니다. 이것은 그 혼들에게 지옥 밖으로 나오고 싶어하는 **바람**, 시기심 많은 사람이 행복을 '바랄' 때와 같은 그 막연한 바람조차 없으리라는 말은 아닙니다. 그러나 그들은 영혼이 선에 이를 수 있는 유일한 길인 자기 포기의 영역에서는 그 첫 단계조차 밟으려 하지 않을 것이 분명합니다. 그들은 스스로 요구한 무서운 자유를 영원히 누린 결과 자아의 노예가 됩니다. 그러나 축복받은 자들은 영원히 순종에 무릎을 꿇음으로써 영원무궁토록 자유롭고 더 자유로운 존재가 됩니다.

결론적으로 저는 지옥의 교리에 반대하는 모든 사람들에게 주는 대답으로 다음과 같은 질문을 던지겠습니다. "당신이 정말 하나님께 요구하는 바가 무엇입니까?" 그들이 과거에 지은 죄를 씻어 주고 모든 장애를 제거하며 모든 기적적인 도움을 제공함으로써 어떻게 해서든지 그들이 새롭게 출발할 수 있게 해 주는 것입니까? 하나님은 갈보리에서 이미 그 일을 하셨습니다. 그들을 용서해 주는 것입니까? 그들에게는 용서받을 마음이 없습니다. 그들을 내버려 두는 것입니까? 아, 유감스럽게도 하나님은 지금 그렇게 하고 계십니다.

　한 가지 주의를 드리고 이 장을 마치겠습니다. 저는 현대인들에게 이 문제를 잘 이해시키기 위해 누가 봐도 악한 인물을 만들어내는 위험을 감수했습니다. 그러나 이제 그 역할이 끝난 만큼, 그 인물에 대해서는 빨리 잊는 것이 좋겠습니다. 우리는 지옥에 대해 논의할 때마다 계속해서 우리의 원수들이나 친구들에게 내릴 수 있는 저주를 생각할 것이 아니라(이 두 가지 모두 이성을 어지럽히는 생각이므로) 우리 자신에게 내릴지 모르는 저주를 생각해야 합니다. 이 장의 이야기는 여러분의 아내나 아들에 대한 것도 아니고 네로나 가룟 유다에 대한 것도 아닙니다. 바로 여러분과 저에 대한 것입니다.

제9장

동물의 고통

아담이 각 생물을 일컫는 바가 곧 그 이름이라.

창세기 2장 19절

본성적인 것이 무엇인가를 알려면, 부패해 버린 표본이 아니라
자신의 본성을 여전히 지니고 있는 표본을 연구해야 한다.

아리스토텔레스 Aristoteles, 〈정치학 *Politics*〉, l, v, 5

지금까지는 인간의 고통을 다루었습니다. 그러나 그 동안에도 계속해서 "무고한 상처의 한이 하늘을 찌르고 있습니다." 동물이 겪는 고통의 문제는 더 심각합니다. 그 이유는 동물들의 수가 많다는 데 있는 것이 아니라(이미 살펴보았듯이 백만 마리가 고통받는다고 해서 한 마리가 고통받을 때보다 더 고통스러운 것은 아니므로) 인간의 고통에 대한 기독교의 설명을 동물의 고통에 확장시킬 수 없다는 데 있습니다. 우리가 아는 한, 짐승들은 죄를 짓거나 덕을 행할 수 없습니다. 따라서 벌로 고통을 받는다거나 고통을 통해 개선된다거나 하는 일이 있을 수 없습니다.

동시에 우리는 동물이 겪는 고통의 문제가 고통의 문제 전체의 중심을 차지하게 해서는 안 됩니다. 중요한 문제가 아니기 때문이 아니라—하나님의 선하심에 의문을 제기할 만한 타당한 근거를 제공하는 문제라면 어떤 것이든지 대단히 중요합니다—우리 지식의 범위 밖에 있는 문제이기 때문입니다. 하나님은 우리 자신의 고통에 대해서는 어느 정도 이해할 수 있을 만한 데이터를 주셨습니다. 그러나 짐승에 대해서는 그런 데이터를 주지 않으셨습니다. 우리는 짐승들이 창조된 목적이나 본질에 대해 아는 바가 없으며, 오직 추측에 근거하여 말할 수 있을 뿐입니다. 우리는 '하나님은 선하다'는 교리로부터 '동물의 왕국에서 무모할 정도로 잔인하게 나타나는 하나님의 **겉모습**은 환영(幻影)'이라는 결론을 자신 있게 유추해 낼 수 있습니다. 또한 우리가 직접 경험을 통해 알고 있는 유일한 고통이 잔인한 것이 아닌 것으로 판명되었다는 사실은 이 결론을 더 쉽게 믿을 수 있게 해 줍니다. 그러나 그 외의 것들은 전부 짐작입니다.

우선 우리는 첫 장에 나온 몇몇 비관적인 엄포를 처리하는 작업부터 시작할 수 있을 것입니다. 식물들이 서로를 '먹이로 삼으며' '무자비한' 경쟁 상태 속에서 살아간다는 것은 도덕적으로 전혀 중요하지 않은 사실입니다. 감각능력이 나타나기 전까지, 생물학적 의미의 '생명'은 선악의 문제와 어떤 관련도 맺지 않습니다. '먹이'라든지 '무자비하다'라는 말은 단순한 은유에 불과합니다.

워즈워스는 모든 꽃이 "자기가 숨쉬는 공기를 즐긴다"고 믿었지만, 그 믿음이 옳다고 가정할 이유는 없습니다. 살아 있는 식물에게 해를 입힐 때 무기 물질과 다르게 반응하는 것은 사실입니다.

그리고 인간의 몸을 마취시켰을 때에는 식물보다 훨씬 더 구별되는 반응이 나타나지요. 하지만 그렇다고 해서 마취된 몸에 감각능력이 있다고 볼 수는 없습니다. 물론 은유를 사용하고 있다는 점을 염두에 두기만 한다면, 식물이 꺾이거나 죽는 일을 얼마든지 비극적으로 묘사할 수도 있습니다. 영적인 경험들을 위한 상징을 제공해 주는 것이 광물 세계와 식물세계가 맡은 기능의 하나일 수도 있으니까요. 그러나 우리는 자신이 사용하는 은유의 희생자가 되어서는 안 됩니다. 절반의 나무가 나머지 절반의 나무들을 죽이고 있는 숲도 완벽하게 '좋은' 숲일 수 있습니다. 숲의 선은 그 유용성과 아름다움에 있으며, 숲은 감정을 느낄 수 없기 때문입니다.

짐승의 경우에는 세 가지 질문이 제기됩니다. 첫번째는 사실에 대한 질문으로서, "동물은 어떤 고통을 겪는가?" 하는 것입니다. 두번째는 기원에 대한 질문으로서, "동물세계의 질병과 고통은 어떻게 시작되었는가?" 하는 것입니다. 그리고 세번째는 정의에 대한 질문으로서, "동물의 고통과 하나님의 정의는 어떻게 조화될 수 있는가?" 하는 것입니다.

1. 첫번째 질문에 대한 최종적인 대답은 "모른다"입니다. 그러나 몇 가지 추측해 볼 만한 사항은 있습니다. 우선 우리가 해야 할 일은 동물들을 구분하는 것입니다. 만약 유인원이 인간의 언어를 이해할 수 있다면, 자기가 지렁이나 굴 같은 것들과 '동물'이라는 한 등급에 묶여 인간과 대조된다는 데 심한 불쾌감을 느낄 것입니다.

유인원과 인간은 여러 가지 점에서 유인원과 지렁이가 닮은 정도나 인간과 지렁이가 닮은 정도를 훨씬 넘어서는 것이 분명합니다. 우리는 하등동물들에게 감각능력이라 할 만한 무언가가 있다고 추정할 필요가 없습니다. 생물학자들은 동식물을 구별할 때 감각능력이나 운동능력처럼 일반인들이 자연스럽게 택하는 특징들을 동원하지 않습니다. 그러나 고등동물의 신경계통이 우리와 대단히 유사하다는 사실로 미루어 볼 때, 감각능력이 개입되는 지점(그 지점이 정확히 어딘지는 모르지만)이 있다는 것만큼은 거의 확실합니다. 그러나 이 차원에서도 우리는 감각능력(sentience)과 의식(consciousness)을 구분해야 합니다. 이런 구분에 대해 들어 본 적이 없는 사람은 깜짝 놀랄 수도 있겠지만, 이것은 상당히 권위 있는 구분으로서 이 구분을 무조건 무시해 버리는 것은 경솔한 짓입니다.

세 가지 감각—처음에는 A, 다음에는 B, 그 다음에는 C—을 연이어 경험한다고 합시다. 이때 여러분은 ABC 과정을 통과하는 경험을 합니다. 그런데 이 일이 무엇을 암시하는지 보십시오. 이 일은 A가 사라져 가는 것을 알아차릴 수 있을 만큼 A로부터 떨어져 있는 무언가, B가 막 시작되어 A가 물러간 자리를 채우고 있음을 알아차릴 수 있을 만큼 B로부터도 떨어져 있는 그 무언가가 여러분 안에 존재한다는 사실을 암시합니다. 즉 A가 B로, B가 C로 전이되는 와중에서도 자신을 여전히 단일한 존재로 인식하고 있는 무언가, 그 결과 "나는 ABC 경험을 했다"고 말할 수 있는 무언가가 존재한다는 것입니다.

그 무언가란 제가 '의식' 내지는 '영혼'이라고 부르는 것으로서, 방금 제가 묘사한 과정은 영혼도 시간을 경험하기는 하지만 그 자체는 전혀 '시간에 따라'(timeful) 움직이지 않는다는 것을 보여 주는 한 가지 증거입니다. ABC를 연속적으로 느끼는 가장 간단한 경험을 하는 데에도 '단순한 상태의 연속'이 아닌 영혼, 시시각각 변하는 감각의 흐름 밑에 자리잡고 있는 변함없는 강바닥 같은 영혼, 스스로 그 모든 것 아래 있는 단일한 존재로 인식하고 있는 영혼이 필요합니다.

고등동물 중 하나의 신경체계가 연속적인 감각을 제공한다는 것은 거의 확실합니다. 그렇다고 해서 스스로 조금 전까지는 A를 느꼈다가 지금은 B를 느끼고 있으며 이제 B가 C의 여지를 남기며 사라지는 모습을 보고 있는 존재로 자각하는 어떤 것, 즉 '영혼'이 있다는 결론이 따라나오는 것은 아닙니다. 이처럼 그 동물에게 '영혼'이 없다면, 이른바 ABC 경험도 할 수 없을 것입니다. 철학 용어로 '지각의 연속'(a succession of perceptions)은 있을 수 있습니다. 즉 실제로 감각은 순서대로 나타날 것이고 하나님은 그 사실을 아실 것입니다. 그러나 그 동물은 모를 것입니다. 그 동물에게는 '연속에 대한 지각'(a perception of succession)이 없기 때문입니다. 이것은 그 동물을 두 번 채찍질할 때 실제로도 두 번의 고통이 발생한다는 뜻입니다. 그 동물에게는 '나는 두 번 고통을 당했다'고 인식할 만큼 통합 능력을 갖춘 자아가 없습니다. 그 동물이 "나는 고통당하고 있다"고 말할 수 있을 정도로 자기 자신과 감각—이를테면 강의 흐름과 강바닥—을 구분할 수 있다면 이 두 번의 감각 또한 **자기의** 경험으로 연결시킬 수 있겠지만, 그 동물에게는 심지어 한 번 고통을 당할 때에도 "나는 고통당하고 있다"고 말할 수 있는 자아가 없습니다. 따라서 이 상황을 정확히 묘사하려면 "이 동물에게 고통이 일어났다"고 해야지, 흔히 말하듯이 "이 동물이 고통을 느낀다"고 해서는 안 됩니다. 왜냐하면 "이"와 "느낀다"라는 말에는 우리처럼 감각 너머에서 그 감각들을 '경험'으로 조직할 수 있는 '자아' 내지는 '영혼', 또는 '의식'이 있다는 전제가 은근슬쩍 깔리게 되기 때문입니다.

저도 인정하는 바, 우리는 의식 없이 감각하는 경우가 어떤 것인지 상상하지 못합니다. 우리한테 그런 경우가 발생하지 않기 때문이 아니라, 우리가 '무의식 상태'에 있을 때 그런 경우가 발생하기 때문입니다. 바로 이것입니다. 동물들이 고통에 대해 우리와 아주 비슷하게 반응한다는 사실이 곧 동물들에게 의식이 있다는 증거가 될 수는 없습니다. 우리 역시 마취 상태에서 그와 같이 반응할 수 있으며, 심지어 잠들었을 때에도 묻는 말에 대답하는 경우가 간혹 있기 때문입니다.

저는 동물들이 어느 단계까지 이런 무의식적인 감각능력을 가지고 있는지 추측해 볼 생각이 없습니다. 유인원과 코끼리, 또는 그보다 더 고등한 가축들이 각각의 경험을 연결시키며 초보적인 개성을 형성하는 자아 내지 영혼을 어느 정도도 가지고 있지 않다고 보기는 확실히 어렵습니다. 그렇다 해도 동물의 고통으로 보이는 것들 가운데 상당수는 실제적 의미에서 고통으로 볼 필요가 없는 경험들입니다. 실제 증거 없이 짐승들에게 자아가 있다고 해석하는 '감상적 오류'를 저지름으로써 '고통받는 짐승들'을 만들어 낸 것은 바로 우리 인간들일지 모릅니다.

2. 이전 세대는 동물이 겪는 고통의 기원을 인간의 타락에서 찾았습니다. 아담의 반창조적인(uncreating) 반란으로 전 세계가 부패했다는 것이지요. 그러나 인간이 존재하기 훨씬 전부터 동물들이 존재했다고 믿을 만한 증거를 충분히 가지고 있는 지금은 더 이상 그런 생각을 할 수 없게 되었습니다. 육식(肉食)과 그에 수반된 모든 일들이 인류가 등장하기 이전에 이미 존재했습니다.

이 지점에서 우리가 상기하지 않을 수 없는 신성한 이야기, 신앙고백에 포함된 적은 없어도 교회 안에서는 널리 믿어졌고 주님의 말씀뿐 아니라 바울과 요한의 말씀에도 암시되어 있다고 볼 수 있는 이야기가 있습니다. 이것은 창조자에게 반항한 피조물은 인간이 처음이 아니며, 인간보다 더 오래되고 더 능력 있는 어떤 존재가 변절하여 어둠의 제왕이자 이 세상의 주인(의미심장하게도)이 되었다는 이야기입니다.

어떤 이들은 이러한 요소들을 주님의 가르침에서 전부 제거하고 싶어합니다. 또 어떤 이들은 주님이 자기 영광을 비우고 인간이 되셨을 때, 보통 사람들처럼 그 당시에 통용되던 미신들을 공유하실 만큼 낮아지셨다고 주장할 수도 있습니다. 저도 확실히 그리스도께서 육체로 계셨을 때에는 전지하지 않으셨을 것이라고 생각합니다. 인간의 뇌가 전지한 의식의 매개체가 될 수 없다고 할 때, 주님의 사고가 실제로 그 뇌의 크기와 형태의 제약을 받지 않았다고 말하는 것은 성육신의 실재성을 부인하는 가현설 신봉자들에게[77] 가담하는 결과를 낳을 것입니다. 따라서 설령 주님이 오늘날 우리의 지식에 비추어 그릇된 과학적, 역사적 진술을 하셨다 해도, 그분의 신성을 믿는 저의 믿음에는 전혀 방해가 되지 않습니다.

그러나 사탄의 존재와 타락에 대한 교리는 오늘날 우리의 지식에 비추어 그릇된 것으로 판명된 종류의 것이 아닙니다. 이 교리는 과학자들이 발견한 사실들과 충돌하는 것이 아니라 우리가 살고 있는 시대의 단순하고 막연한 '사조'(思潮, climates of opinion)와 충돌합니다. 저는 이른바 '사조'를 아주 낮추어 봅니다. 모든 이들이 자기 전공 분야에서 확인하는 사실은, 새로운 것들을 발견하고 그간의 잘못을 바로잡은 사람들은 모두 자기 시대의 '사조'를 무시한 이들이라는 것입니다.

---

77) Docetist. 물질은 악한 것이라는 전제 하에, 그리스도는 단지 인간처럼 보인 것일 뿐 실제 인간과 같은 몸을 입은 것은 아니었다고 주장한 사람들.

그러므로 인간이 등장하기 전에 이미 한 강력한 피조물의 세력이 물질계나 태양계, 아니면 적어도 지구라는 행성에 나쁜 영향을 끼치고 있었다는 것, 인간이 타락했을 때 실제로 그를 유혹한 존재가 있었다고 보는 것은 제가 보기에 합리적인 가설입니다. 이 가설이 일반적인 '악에 대한 설명'을 제공해 주는 것은 아닙니다. 다만 '악은 자유의지를 남용하는 데서 나온다'는 원칙을 좀더 폭넓게 적용케 해 줄 뿐입니다. 제가 믿듯이 그러한 세력이 정말 있다면, 바로 그 세력이 인간이 나타나기 전에 동물세계를 부패시켰다고 말해도 무방할 것입니다.

우리는 동물들, 또는 몇몇 동물들이 서로를 죽임으로써 살아간다는 사실을 근거로 동물세계에 악이 내재되어 있다고 생각할 수 있습니다. 그러나 식물의 경우에도 그러했듯이, 저는 그것을 악으로 인정하지 않습니다. 사탄이 몰고온 동물의 부패는 한 가지 점에서 사탄이 몰고온 인간의 부패와 유사합니다. 인간의 타락이 낳은 결과 중 하나는 인간성 속에 흡수되어 있던 동물성이 빠져나감으로써, 이제는 인간성이 동물성을 다스릴 수 없게 되었다는 것입니다. 마찬가지로 동물성은 식물에게나 어울릴 습성에 빠지도록 사탄의 조장을 받았을 수 있습니다.

물론 많은 짐승이 다른 짐승을 잡아먹고 사는 데서 야기되는 막대한 죽음은 그만큼 막대한 출산율에 의해 자연 속에서 균형을 유지하고 있는 것이 사실이며, 따라서 모든 동물들이 초식성으로서 건강하게 산다면 자체 번식의 결과로 대개가 굶어죽을 것처럼 보일 수도 있습니다. 그러나 저는 그들의 생산력과 사망률을 상호 상관적인 현상으로 봅니다. 애초부터 동물들에게 그처럼 과다한 성적 충동이 있어야 할 필요는 아마 없었을 것입니다. 세상의 주인은 그것을 육식에 대한 대응—괴로움을 최대화하기 위한 이중적인 계략으로서—으로 생각했습니다. 덜 거슬리는 표현을 쓰자면, 악한 천상의 존재가 '생명력'(life-force)을 부패시켰다는 것이지요. 이 두 가지는 결국 같은 의미입니다. 그러나 저로서는 실체화된 추상명사를 믿는 편보다는 신과 악마들에 관한 신화를 믿는 편이 더 쉽습니다. 아무튼 신화는 우리 생각보다 훨씬 더 있는 그대로의 진실에 가까운 것일 수 있습니다. 주님이 질병의 원인을 하나님의 진노나 자연에 돌리지 않고 아주 분명하게 사탄에게 돌리신 적이 있다는 사실을 잊지 맙시다.[78]

이 가설에 고려할 만한 가치가 있다면, 인간이 처음 세상에 등장했을 때 이미 구속적인 기능을 맡고 있었다는 가설 또한 고려할 만한 가치가 있을 것입니다. 지금도 인간은 동물들에게 기적을 행할 수 있습니다. 우리 집에는 고양이와 개가 함께 살고 있는데, 그렇게 함께 지내기를 좋아하는 것처럼 보입니다. 어쩌면 동물세계의 평화를 회복시키는 것이 인간이 맡은 역할 중 하나였고, 인간이 원

---

78) 누가복음 13장 16절. *

수의 편에 가담하지만 않았다면 지금으로서는 상상할 수도 없을 만큼 그 일을 잘 수행했을지도 모르겠습니다.

3. 마지막으로 정의의 문제가 남았습니다. 우리는 '모든 동물이 우리가 생각하는 식의 고통을 겪는 것은 아니다'라고 믿을 수 있는 이유를 알았습니다. 그러나 적어도 몇몇 동물은 자아를 가진 것처럼 보이는데, 이 무고한 동물들은 어떻게 해야 합니까? 우리는 '동물의 고통은 하나님이 만들어 내신 것이 아니라 사탄의 악의 때문에 시작된 것으로서, 인간의 직무 유기 때문에 고착되었다'고 믿을 수 있다는 사실도 알았습니다. 그러나 하나님이 그 고통을 일으키지는 않았어도 허락하신 것이 사실이라면, 이 무고한 동물들은 또 어떻게 해야 합니까?

사람들은 저에게 동물의 불멸성에 대해서는 말도 꺼내지 말라는 주의를 주었습니다. 그러다가는 "모든 노처녀들과 한통속이 된다"는 것이지요.[79] 하지만 저는 그들과 한통속이 되는 데 이의가 없습니다. 저는 처녀라는 것이나 나이가 많다는 것이 놀림감이 된다고 생각지 않으며, 제가 만나 본 바 가장 예리한 정신을 가진 몇 사람은 바로 노처녀들이었습니다. 저는 "그렇다면 그 많은 모기들은 다 어디로 가야겠느냐?"는 식의 익살맞은 질문에도 과히 요동치 않습니다. 그런 수준의 질문에는 "최악의 경우에 그런 문제가 생기더라

---

79) 그러나 존 웨슬리John Wesley도 〈설교 Sermons〉 LXV '위대한 구원 The Great Deliverance'에서 이 문제를 제기한 바 있습니다.*

도, 모기의 천국과 인간의 지옥을 묶어 버리면 아주 간단히 해결되지요"라고 대꾸하면 그만이니까요.

이런 것들보다 심각한 반대의 근거는, 성경과 기독교 전통이 동물의 불멸성에 대해 완전히 침묵하고 있다는 사실에 있습니다. 기독교 계시가 모든 질문에 답을 제시하는 자연체계(système de la nature)가 되려는 의도를 조금이라도 내비치고 있다면, 이 사실은 제게 치명타가 될 것입니다. 그러나 기독교 계시는 그런 것이 아닙니다. 휘장은 우리의 지적인 호기심을 채워 주기 위해서가 아니라 우리가 당면하고 있는 현실적인 필요를 드러내 보여 주기 위해 한 군데, 딱 한 군데만 찢어져 있습니다. 이 같은 하나님의 계시 방법으로 분별해 볼 때, 설사 동물이 진짜 불멸한다고 해도 하나님이 그 사실을 계시하셨을 가능성은 없습니다. 우리 자신의 불멸성에 대한 교리도 유대교 역사의 후반부에 이르러서야 비로소 등장했습니다. 따라서 침묵을 근거로 논증하는 것은 대단히 설득력이 약한 방법입니다.

대부분의 동물들이 불멸한다고 가정하는 데 진짜 어려움을 야기시키는 문제는, 이미 설명한 바대로 '의식'이 없는 피조물에게는 불멸이라는 것이 거의 아무런 의미를 갖지 못한다는 사실에서 찾아볼 수 있습니다. 도롱뇽의 삶이 오로지 감각의 연속에 불과하다면, 하나님이 오늘 죽은 도롱뇽을 다시 삶으로 부르신다 한들 무슨 의미가 있겠습니까? 그 도롱뇽은 자기가 죽은 도롱뇽과 같은 도롱

농이라는 사실을 인식하지 못할 것입니다. 즉 이 도롱뇽이 죽은 후에 지상에서 겪었던 고통(그런 고통을 겪었다면)의 보상으로 다른 도롱뇽이 즐거운 감각을 누리게 되든 이 도롱뇽의 부활체—다시 말하면 '자아'인데, 우리의 전체적인 요지는 도롱뇽에게는 자아가 없으리라는 것입니다—가 즐거운 감각을 누리게 되든 아무 차이가 없다는 것입니다. 이처럼 도롱뇽에게 자아가 있다는 가정 하에서만 의미를 가지는 이야기는 아예 꺼낼 필요가 없습니다. 따라서 저는 감각능력만 가진 피조물의 불멸성을 논하는 것은 가당치 않은 일이라고 생각합니다.

정의와 자비의 측면에서 보아도 그런 피조물이 불멸성을 가질 필요는 없습니다. 그들에게는 고통스러운 경험이라는 것 자체가 없기 때문입니다. 글자를 읽을 줄 모르는 동물들은 A, P, N, I라는 **낱글자**는 신경계통으로 전달받는다 해도, 그것으로 'PAIN'(고통)이라는 단어는 구성하지 못합니다. **아마** 모든 동물이 그러할 것입니다.

그럼에도 불구하고 고등동물에게는, 특히 사람이 길들이는 고등동물에게는 초보적인 수준으로나마 실제적인 자아의식(selfhood)이 있다는 우리의 강한 확신이 망상이 아니라면, 그들의 운명에 대해서는 좀더 깊이 생각할 필요가 있습니다. 우리가 피해야 할 잘못은 그 동물들 자체만을 놓고 생각하는 것입니다. 인간은 하나님과 인간의 관계 안에서만 이해되어야 합니다. 짐승은 인간과 짐승의 관계, 그리고 인간을 통한 하나님과 짐승의 관계 안에서만 이해되어야 합니다.

여기에서 우리는 변질되지 않은 채 현대 그리스도인들의 생각 속에 흔히 남아 있는 무신론적 사고의 덩어리 하나를 경계해야 합니다. 무신론자들은 인간과 동물의 공존을 단지 생물학적 사실들의 우연한 결과로 당연시하면서, 인간이 동물을 길들이는 것을 한 종이 다른 종을 순전히 자의적으로 간섭하는 일로만 여깁니다. 그들이 볼 때에는 야생동물만이 '진정한' 동물 내지는 '자연적인' 동물로서, 길들여진 동물은 인위적이거나 자연적이지 못한 동물입니다. 그러나 그리스도인은 그렇게 생각해서는 안 됩니다. 인간은 짐승들을 다스리도록 임명받았으며, 따라서 인간이 동물에게 행하는 모든 일은 하나님이 주신 권위를 합법적으로 행사하는 것이거나 무엄하게 남용하는 것이 됩니다. 이렇게 볼 때 길들여진 동물이야말로 가장 심오한 의미에서 유일하게 '자연적인' 동물—자신에게 주어진 본연의 자리를 찾은 유일한 동물—이며, 우리는 이 길들여진 짐승들을 짐승에 대한 모든 교리의 토대로 삼아야 합니다.

이제부터 살펴보겠지만, 길들여진 동물에게 진정한 자아 또는 인격(personality)이 생기는 것은 거의 전적으로 그 주인에게 달린 일입니다. 어떤 좋은 양치기 개가 '거의 인간에 가깝게' 된 것은 좋은 양치기가 개를 그렇게 만들었기 때문입니다. 전에 저는 '안에'(in)라는 말의 신비한 힘에 대해 말한 적이 있습니다. 저는 이 말이

신약성경에서 항상 동일한 의미로 쓰였다고 생각지 않으며, 따라서 인간이 그리스도 **안에** 있고 그리스도가 하나님 **안에** 있으며 성령이 교회 **안에**, 또 믿는 자 한 사람 한 사람 **안에** 있다는 것이 정확히 같은 의미를 갖는다고 생각지 않습니다. 그 말들은 단일한 의미를 지닌다기보다는 서로 운(韻)을 이루며 상응하는 의미를 지닌다고 할 수 있습니다.

지금 제가 말하고자 하는 것은—물론 저는 정식 신학자들의 교정을 받을 용의가 충분히 있습니다—위와 같은 의미와 정확히 일치하지는 않지만 그에 상응하는 의미에서, 짐승들이 그 주인 **안에서** 진정한 자아를 얻는 것이 아니겠느냐 하는 점입니다. 다시 말해서 여러분은 짐승 하나만을 생각해서 그것을 인격체라고 부르며 하나님이 과연 **그것**을 부활시키시고 축복하실 것인가를 물어서는 안 됩니다. 여러분은 그 짐승이 어떤 맥락 **안에서** 자아의식을 얻는지, 그 전체적인 맥락을 생각해야 합니다. 즉 '좋은-농가-에서-자식들과-짐승들을-다스리는-주인과-그의-아내'를 생각해야 하는 것입니다.

그 전체적인 맥락이라는 것은 바울이 말하는 의미(또는 그것에 아주 가까운 의미)의 '몸'이라고 할 수 있습니다. 그 '몸'이 얼마만큼이나 그 부부와 함께 부활할는지 누가 예측할 수 있겠습니까? 저는 아마도 하나님의 영광과 그 부부의 지복(至福)에 필요한 만큼만 부활하는 것이 아니라, 특정한 지상의 경험으로 영원토록 채색되는 특정한 영광과 특정한 지복에 필요한 만큼까지 부활하지 않을까 생각합니다. 제가 보기에는 어떤 동물들의 경우 그 동물들 자체가 불멸성을 가지고 있다기보다는, 이런 식으로 그 주인의 불멸성 안에서 자신의 불멸성을 얻을 가능성이 있지 않을까 싶습니다.

거의 인격이 없다고 해야 할 피조물의 인격적 정체성에 관련된 문제도, 이처럼 적절한 맥락 안에 놓고 생각하면 어려울 것이 없습니다. 만약 여러분이 "그 농가의 전체 '몸'에 속한 한 지체로 부활하는 동물의 인격적 정체성은 어디에 있느냐?"고 묻는다면, "지상에서 살았을 때 늘 그랬던 것처럼 그 '몸'과의 관계, 특히 그 '몸'의 머리인 주인과의 관계에 있다"고 대답하겠습니다. 다시 말해서 주인은 자기 개를 인식할 것입니다. 개도 주인을 인식할 것이며, 그를 인식함으로써 자기 자신을 **찾을** 것입니다. 이 동물에게 이와 다른 방식으로 자신을 인식하라고 요구하는 것은 아무 의미 없는 일을 요구하는 것이나 다름없습니다. 동물들은 그런 존재가 아니며, 또 그런 존재가 되기를 원하지도 않습니다.

물론 좋은 농가에 사는 좋은 양치기 개를 묘사한 제 그림에는 야생동물이나 학대받는 가축들(이것은 훨씬 더 긴급한 문제인데)이 포함되어 있지 않습니다. 저는 단지 동물의 부활에 관한 이론을 세울 때 지켜야 할 일반적 원칙을 보여 주기 위해, 특권을 누리는 동물의 경우—제 생각에 이것은 정상적이며 왜곡되지 않은 유일한 경우이기도 합니다—를 사례로 끌어왔을 뿐입니다.

저는 그리스도인들에게는 '모든 짐승이 불멸한다' 고 가정하기를 주저하게 만드는 두 가지 이유가 있다고 생각합니다. 첫째로, 그리스도인들은 짐승들에게 완전한 의미의 '영혼' 이 있다고 할 경우, 짐승과 인간의 차이—생물학적인 차원에서는 불투명하고 의심스러워 보이지만 영적인 차원에서 보면 선명하게 드러나는 차이—가 모호해지지 않을까 염려합니다. 둘째로, 짐승이 장차 누릴 행복을 단순히 고난에 대한 보상이라는 측면에서만 현재의 삶과 연결시키는 것—이를테면 수년 동안 마차를 끈 데 대한 '손해배상' 으로 수백만 년 동안 행복한 초원에서 살게 해 주는 식으로—은 하나님의 선하심을 주장하는 논리치고 조잡해 보이는 논리입니다. 우리는 잘못을 저지를 수 있는 존재이므로 뜻하지 않게 아이나 동물에게 상처를 입힐 때가 종종 있으며, 그럴 때 우리가 할 수 있는 최선의 행동이란 그들을 끌어안아 주거나 작은 대가를 줌으로써 '그 잘못을 벌충하는 것' 입니다. 그러나 전지하신 분 또한 그런 식으로 행동하리라고—하나님이 캄캄한 데서 동물의 꼬리를 밟아 놓고, 그에 대해 자신이 할 수 있는 최선의 대응을 하시기라도 하는 것처럼!—상상하는 것은 경건한 태도라고 할 수 없습니다. 저는 그런 식의 서툰 땜질을 하나님의 솜씨로 인정할 수 없습니다. 우리는 어떤 것이든 간에 이보다는 나은 대답을 찾아야 합니다.

지금 제가 제시하고 있는 이론의 목적은 이 두 가지 반대의견을 모두 비껴가려는 것입니다. 이 이론은 하나님을 우주의 중심으로 삼으며, 인간을 지상에 있는 자연의 종속적인 중심으로 삼습니다. 짐승들은 인간과 대등한 존재가 아니라 종속적인 존재로서, 그들의 운명은 철두철미하게 인간의 운명과 연관되어 있습니다. 또한 그들에게 암시되어 있는 파생적인 불멸성은 단순한 **배상**(amende)이나 보상이 아닙니다. 그 불멸성은 새 하늘과 새 땅의 중요한 일부로서, 세상의 타락과 구속이라는 고난의 과정 전체와 유기적으로 연관되어 있습니다.

저처럼 '길들여진 동물의 인격은 대체로 인간의 선물'이라고— 우리의 단순한 정신성(soulhood)이 그리스도 안에서 영성(spirituality)으로 거듭나듯이, 동물의 단순한 감각능력이 우리 안에서 정신성으로 거듭난다고—가정할 때, 야생 상태에서 '자아'나 **에고**(ego)를 지닌 동물은 실제로 극소수에 불과하리라는 가정이 절로 따라나오게 되어 있습니다. 그러나 그런 동물들이 존재하며 그들의 부활이 하나님의 선에 부합된다 하더라도, 그들의 불멸성 또한 인간—이번에는 주인 한 사람 한 사람이 아니라 인류 전체—과 연관될 것입니다. 다시 말해서 인간의 전통이 준(準)영적이며 정서적인 가치(양의 '순결함'이나 왕의 전령으로서 사자의 위엄처럼)를 단순히 자의적으로, 또는 우연히 짐승들에게 부여한 것이 아니라 실제로 그 짐승의 본성에 근거하여 부여한 것이라면, 그 짐승들이 바로 그 재능으로, 또는 주로 그 재능으로 부활한 인간을 시중들며 그 수행원의 일부로 참여하리라고 기대할 수 있다는 것입니다. 반면에 전통적으로 짐승들에게 부여된 특징이 아주 그릇된 것이었다면, 인간에게 알려지지는 않았지만 실제로 전 역사에 걸쳐 인간에게 영향을 끼쳤던 진짜 미덕을 보여 주는 것이 곧 그 짐승들이 누릴 천국의 삶이 될 것입니다.[80] 기독교의 우주관이 **어떤** 의미에서든(저는 문자적인 의미를 말하고 있지 않습니다) 참이라면, 우리 행성에 존재하는 모든 것은 인간과 연관되어 있을 것이며, 심지어 인간이 존재하기 전에 멸종된 피조물들 또한 무의식적인 인간의 선발대로 보는 것이 곧 그들을 바로 보는 길일 것이기 때문입니다.

야생의 짐승이나 선사 시대의 짐승들처럼 우리와 멀리 떨어져 있는 피조물에 대해 이야기한다는 것은 사실 거의 아는 바가 없는 사항에 대해 이야기하는 것이나 다름없습니다. 그들에게는 자아나 고난이 없다고 해도 무방할 것입니다. 심지어 각각의 종이 공통된 자아를 가지고 있을지도—창조의 진통을 나누었으며 장차 만물의 회복에 동참할 주체는 사자 한 마리 한 마리가 아니라 '사자 됨'(Lionhood)일지도—모르겠습니다. 우리 자신의 영원한 삶에 대해서도 상상하지 못하는 터에, 우리의 '지체'로서 짐승이 누릴 삶에 대해 상상하지 못하는 것은 당연한 일입니다. 만약 지상의 사자가 자신이 언젠가 소처럼 풀을 먹게 되리라는 예언의 글[81]을 읽을 수

---

80) 즉 인간이 하나님을 **향해** 그리스도 **안에서** 누리는 천국의 삶에 동참하게 된다는 뜻입니다. 말 그대로 짐승이 **그 나름대로** 누릴 '천국의 삶'이 있다는 것은 터무니없는 소리지요. *

81) 이사야 11장 7절.

있다면, 아마 천국 이야기가 아니라 지옥 이야기라고 생각할 것입니다. 또 만약 그 사자 안에 육식성 감각능력 외에 아무것도 없다면 의식 또한 없을 것이며 따라서 '계속 살아남는다는 것'이 아무 의미가 없을 것입니다. 그러나 초보적인 수준으로나마 사자의 자아라는 것이 존재한다면, 하나님은 그때에도 자신이 원하시는 바에 따라 '몸'―더 이상 양을 잡아먹으며 살지 않는 몸, 그러나 지상에서 보여 주었던 사자의 정력과 당당함과 드높은 기세를 그대로 보여 준다는 의미에서 사자다움이 넘치는 몸―을 주실 수 있을 것입니다.

잘못된 생각인지 모르겠지만, 저는 사자와 어린 양이 함께 **누울 것**이라는 선지자의 말씀[82]에 동양의 과장법이 사용되었다고 생각합니다. 그것은 양의 입장에서 오히려 무례한 행동일 것이기 때문입니다. 사자와 양이 그런 식으로 어울린다면(모든 것이 뒤죽박죽이 되어도 좋은 특별한 천상 축제일[83]을 제외하고) 양도 없고 사자도 없는 상태나 다름없을 것입니다. 저는 사자가 더 이상 위험하지 않은 존재가 될 그때에도 여전히 경외감을 주리라고 생각합니다. 아니, 그때야말로 우리는 지금의 송곳니와 발톱처럼 사탄이 왜곡시킨 조잡한 모조품을 보는 것이 아니라 진짜 사자다운 모습을 처음으로 보게 될 것입니다. 황금빛 갈기의 흔들림은 그때에도 있을 것이며,

---

82) 이사야 11장 6절.
83) Saturnalia. 옛 로마의 농신제(農神祭)로서, 이 날은 노예들에게도 마음껏 말하고 행동할 수 있는 자유가 일시적으로 주어졌다.

선한 군주는 이따금씩 이렇게 말할 것입니다. "그를 다시 한 번 포효케 하라."

제10장 천국

믿음을 가지세요.
그리고 다들 조용히 하세요.
제가 금기를 깨뜨리려 한다고 생각하는 분들은
나가 주시기 바랍니다.

윌리엄 셰익스피어 William Shakespeare, 〈겨울 이야기 *Winter's Tale*〉, 5막 3장

저를 당신은 자비의 심연에 빠뜨려
살아 있는 온 영혼이 갈망하는 죽음을 죽게 하소서.

윌리엄 쿠퍼 William Cowper, 〈귀용 부인 *Madame Guion*〉 중에서

성 바울은 "생각건대 현재의 고난은 장차 우리에게 나타날 영광과 족히 비교할 수 없도다"[84]라고 말했습니다. 그렇다면 고통을 다루는 책에서 천국에 대해 말하지 않는다는 것은 이야기의 반을 거의 건너뛰는 일이 될 것입니다. 저울의 한쪽에 지상의 고난이 있다면 그 반대편에는 천국의 기쁨을 올려 놓는 것이 성경과 기독교 전통의 습관으로서, 이것을 따르지 않는 대답은 고통의 문제에 대한 기독교적 해답이라고 할 수 없습니다.

오늘날 우리는 천국에 대해 언급하는 것조차 창피하게 생각합니다. '하늘에 있는 파이'에 침을 흘린다는 놀림을 받지는 않을까, 지금 이곳에 행복한 세상을 만들어야 할 의무를 등진 채 행복한 별

---

84) 로마서 8장 18절. *

세계의 꿈 속으로 '도피하려' 한다는 말을 듣게 되지는 않을까 두려운 것이지요. 그러나 하늘에 정말 파이가 있는지 없는지 둘 중에 하나일 것입니다. 파이가 없다면 기독교는 전부 거짓입니다. 천국의 교리는 기독교 전체를 엮고 있는 씨줄과 날줄이기 때문입니다. 반면에 파이가 있다면, 다른 모든 진리와 똑같이 정치적 유용성이 있든 없든 이 진리를 마주해야 합니다.

또한 우리는 천국이 미끼는 아닐까, 천국 자체를 목적으로 삼을 때 사심 없는 사람이 못 되는 것은 아닐까 염려합니다. 그러나 그렇지 않습니다. 천국은 대가만 바라는 사람이 갈망하는 것들을 하나도 제공해 주지 않습니다. 마음이 청결한 자가 하나님을 본다는 것[85]은 틀림없는 사실입니다. 오직 마음이 청결한 자들만이 하나님을 보고 싶어할 테니 말입니다. 모든 상급이 동기를 훼손시키는 것은 아닙니다. 어떤 여자를 사랑하는 남자가 그 여자와 결혼하고 싶어한다고 해서 대가만 바란다고 할 수 없고, 시를 사랑하는 사람이 시를 읽고 싶어한다고 해서 대가만 바란다고 할 수 없으며, 운동을 사랑하는 사람이 달리고 뛰고 걷고 싶어한다고 해서 사심이 있다고 할 수 없습니다. 사랑한다면 그 대상을 즐기고 싶어하는 것이 당연합니다.

우리가 천국을 입에 올리지 않는 이유가 또 있다고, 즉 사실은

---

85) 마태복음 5장 8절.

우리가 천국을 갈망하지 않기 때문에 천국에 대해 말하지 않는 것이라고 생각할지도 모르겠군요. 그러나 그것은 망상일 수 있습니다. 지금부터 제가 하는 말은 어떤 권위도 빌리지 않은 순전한 사견(私見)으로서, 이에 대한 판단은 저보다 나은 그리스도인들과 학자들에게 맡기겠습니다.

저도 우리가 천국을 갈망하지 않는 것이 아닐까 생각한 적이 있었습니다. 그러나 그보다 더 자주 떠오른 생각은, 과연 우리가 마음속으로 천국 외에 다른 것을 갈망한 적이 과연 있었던가 하는 것이었습니다. 아마 여러분은 자신이 정말 사랑하는 책들은 비밀의 실로 함께 묶여 있다는 사실을 눈치챘을 것입니다. 말로는 표현할 수 없지만 그 책들이 가지고 있는 어떤 공통적인 특징 때문에 그 책들을 사랑하게 되었다는 사실을 여러분은 아주 잘 알고 있습니다. 그러나 여러분의 친구들은 대부분 그 공통점을 전혀 알아보지 못하며, '이 책을 좋아하는 사람이 어떻게 저 책도 좋아할까' 의아해합니다.

또 여러분은 자신이 평생토록 찾아온 바를 실현해 주는 듯한 풍경과 마주친 적이 있을 것입니다. 여러분은 옆에서 같은 풍경을 보고 있다고 생각되는 친구를 돌아봅니다. 그러나 처음 몇 마디만 나누는 것만으로도 두 사람 사이에는 깊은 틈이 벌어지고, 여러분은 이 풍경이 친구에게는 완전히 다른 의미를 준다는 사실, 친구는 이질적인 비전을 추구하고 있으며 여러분을 황홀하게 만든 그 형용할 수 없는 암시에는 전혀 관심이 없다는 사실을 깨닫게 됩니다.

취미생활만 생각해 보아도, 다른 이들은 이상하게도 알아채지 못하는 비밀스러운 매력—작업실의 나무토막 냄새나 보트에 철썩철썩 부딪히는 물소리라고만은 단순히 말할 수 없는, 항상 그 냄새나 소리를 막 뚫고 나오려는 듯이 보이던 무언가—이 있지 않았습니까? 여러분이 태어날 때부터 갈망해 오던 그 무언가, 다른 갈망들이 밀물처럼 밀려드는 그 저변에서, 목소리 큰 열정들 사이 사이 잠깐씩 찾아오던 침묵의 순간마다, 아이 때부터 노년에 이르기까지 밤낮 없이 해를 거듭하며 찾고 지켜보고 귀기울이던 그 무언가에 대해 어렴풋이 알고 있는(기껏해야 희미하고 불확실하게 알고 있는 것이지만) 또 다른 사람을 만났을 때, 비로소 평생에 걸친 우정의 관계들이 시작되지 않았습니까?

여러분이 그 무언가를 **붙잡았던** 적은 한 번도 없었습니다. 여러분의 영혼을 깊이 사로잡았던 것들은 모두 그것의 암시—보일 듯 말 듯한 영상(映像), 귀에 잡히자마자 사라지는 반향—였을 뿐입니다. 그러나 만약 그것이 정말 모습을 드러낸다면—반향으로 사라지는 것이 아니라 음향으로 증폭된다면—여러분은 그것을 금방 알아볼 수 있을 것입니다. 그리고 조금도 의심 없이 "나는 바로 이것을 위해 지음받았던 거야"라고 말하게 될 것입니다.

우리는 그것이 무엇인지 서로에게 말해 줄 수 없습니다. 그것은 우리 각자의 영혼에 쓰여진 비밀스러운 서명이자 전달할 길 없고 달랠 길 없는 소원이며, 아내를 만나고 친구를 사귀고 직업을 선택하기 전부터 갈망했던 것이자 아내나 친구나 일을 기억하지 못하게 된 죽음의 자리에서조차 여전히 갈망하는 것입니다. 우리가 존재하는 한 이것도 존재합니다. 이것을 잃는 것은 전부를 잃는 것입니다.[86]

우리 각자의 영혼에 쓰여진 이 서명은 유전과 환경의 소산일 수도 있지만, 그것은 사실 이런 유전과 환경 또한 하나님이 영혼을 창조하실 때 사용하시는 도구임을 의미할 뿐입니다. 지금 제가 생각하고자 하는 것은 어떻게 하나님이 각 영혼을 독특하게 만드셨느냐가 아니라 왜 독특하게 만드셨느냐 하는 점입니다. 저는 하나님이 이 모든 차이점들을 사용할 뜻을 가지고 계시지 않았다면, 하나 이상의 영혼을 창조하실 이유 또한 없었으리라고 생각합니다. 여러분의 개별적 특성 중에 하나님이 모르고 계신 부분은 한 군데도 없다는 사실을 분명히 아시기 바랍니다. 언젠가 여러분 또한 모르는 부분 하나 없이 다 알게 될 날이 올 것입니다.

열쇠를 본 적이 없는 사람의 눈에는 그 열쇠를 본떠 낸 거푸집이 이상해 보일 것입니다. 또 자물쇠를 본 적이 없는 사람에게는 그 열쇠 자체도 이상해 보일 것입니다. 여러분의 영혼에는 하나님의

---

86) 물론 결코 사라지지 않는 이러한 동경들은 우리가 인간이기 때문에 창조자가 주신 것으로서, 그리스도 안에 있는 자들에게 주시는 성령의 은사와 혼동해서는 안 됩니다. '우리는 인간이므로 거룩하다'라는 억측을 하면 안 되지요. *

본체(substance)가 지닌 그 무한한 윤곽선의 한 돌출 부분에 들어맞도록 오목하게 패이는 바람에 기이한 모습을 갖게 된 한 형태, 또는 방 많은 집의 한 방문에 꼭 들어맞는 한 열쇠가 있습니다. 구원받는 것은 추상적인 인류가 아니라, 바로 여러분 자신—존 스터브나 재닛 스미스 등의 이름을 가진 한 사람 한 사람—이기 때문입니다. 여러분은 축복받은 행복한 피조물로서 다른 사람의 눈이 아니라 자기 자신의 눈으로 그분을 보게 될 것입니다. 하나님의 선한 인도를 따를 때, 죄를 제외한 여러분의 전 존재는 지극히 만족스러운 상태에 이르게 되어 있습니다.

브로켄의 유령[87]이 '모든 이에게 각자의 첫사랑으로 보인' 것은 일종의 속임수 때문이었습니다. 그러나 하나님이 모든 영혼에게 첫사랑으로 보이는 것은, 진짜 그가 각 사람의 첫사랑이시기 때문입니다. 천국에 있는 나의 자리는 나 한 사람, 오직 나 한 사람에게 맞추어 만든 자리처럼 보일 것입니다. 바로 내가 그 자리에 맞추어—장갑이 손에 맞추어 한 땀 한 땀 만들어지듯이—만들어졌기 때문입니다.

이런 관점에서 볼 때, 우리는 지옥을 박탈이라는 측면에서 이해할 수 있습니다. 여러분은 손에 잡히지 않는 황홀경이 의식 바로

---

87) 브로켄은 독일 하르츠 산맥의 최고봉으로서, 해의 고도가 낮아지면 산 정상에 서 있는 사람의 그림자가 크게 확대되어 산 아래 깔린 구름이나 안개 위에 거인의 실루엣을 그리게 되는데, 이를 가리켜 '브로켄의 유령'이라고 한다.

바깥에서 맴도는 것을 평생토록 경험해 왔습니다. 그런데 모든 희망을 넘어 자신이 마침내 그것을 얻게 되었음을 깨닫는 날, 또는 손만 뻗으면 잡을 만한 곳에 그것이 있었음에도 불구하고 영원히 잃고 말았음을 깨닫는 날이 다가오고 있습니다.

제가 값진 진주[88]를 위험할 정도로 개인적이고 주관적인 개념으로 파악하는 것처럼 보일지도 모르지만, 사실은 그렇지 않습니다. 제가 말하고 있는 '그것'은 어떤 경험이 아닙니다. 여러분이 경험한 것은 그것이 아니라 그것의 **결핍**입니다. 그것 자체가 어떤 생각이나 이미지나 감정 속에 실제로 구현된 적은 한 번도 없습니다. 그것은 항상 여러분을 여러분 밖으로 불러냅니다. 여러분이 그것을 따라 자신 밖으로 나가려 하지 않고 제 자리에 앉아 그 갈망만 골똘히 생각하며 고이 간직하려 든다면, 오히려 그 갈망이 여러분을 피해 갈 것입니다. "생명으로 들어가는 문은 대개 등뒤에서 열리며", "보이지 않는 장미 향기를 떨쳐내지 못하는" 자를 위한 "유일한 지혜는 일하는 것입니다."[89] 이 비밀스러운 불은 부채질할 때 오히려 꺼져 버립니다. 반면에 그것을 무시한 채 교의(敎義)나 윤리 같은 의외의 연료를 공급하면서 자기 의무에 전념할 때 비로소 활활 타오르게 되어 있습니다.

세상은 황금색 바탕을 칠한 그림과 같고, 우리는 그 그림에 등장

---

88) 마태복음 13장 45 – 46절.
89) 조지 맥도널드 George Macdonald, 〈알렉 포브스 *Alec Forbes*〉, cap. XXXIII. *

하는 인물들과 같습니다. 그림에서 걸어나와 죽음이라는 광대한 차원으로 들어가기 전까지는 그 황금빛을 볼 수 없습니다. 그러나 그것에 대한 암시는 받을 수 있지요. 다른 은유를 쓰자면, 등화관제가 완전히 이루어지지 않았다고 할 수 있습니다. 즉 여전히 틈새에서 새어나오는 빛들이 있다는 것입니다. 그래서 때때로 일상적인 장면이 그 비밀을 드러내며 크게 드러나는 순간들을 경험하게 됩니다.

이것이 제 견해입니다. 어쩌면 이 견해가 틀렸을지도 모르겠습니다. 이 비밀스러운 갈망 역시 옛 사람의 일부로서, 십자가에 못 박혀 끝장나야 하는 것일 수도 있습니다. 그러나 저의 견해에는 이 견해를 부인할 수 없게 만드는 비결이 하나 들어 있습니다. 이 갈망은—이 갈망의 충족은 더욱 그렇지만—어떤 경험에든 완전하게 들어 있는 법이 없습니다. 어떤 것이든 이 갈망과 동일시하는 즉시, 사실은 동일하지 않은 것임이 드러나 버리지요. 따라서 아무리 십자가에 못 박히고 변형을 겪는다 해도, 이 갈망이 우리에게 미리 예감케 해 주던 것의 범위를 벗어나기란 거의 불가능합니다. 다시 말해서 제 견해가 사실이 아니라면, 그보다 더 나은 것이 존재해야 합니다. 그러나 그 '더 나은 것'—이런저런 경험들이 아니라 이 모든 경험들 너머에 있는 것—이란 결국 제가 지금 설명하고자 하는 그 것의 정의(定意)와 별로 다를 바가 없습니다.

여러분이 동경하는 그것은 여러분을 자아 밖으로 불러냅니다.

그것에 대한 갈망은 여러분이 그 갈망을 버릴 때에만 비로소 살아 있을 수 있습니다. 이것이 궁극적인 법칙입니다. 씨는 죽어야 살고, 떡은 물 위에 던져야 돌아오며, 사람은 목숨을 잃어야 목숨을 얻는 법입니다.[90] 그러나 씨가 다시 살아나고 떡이 돌아오며 목숨을 다시 얻는 일은 희생이 전제되어야 비로소 진정한 것이 됩니다. 따라서 "천국에는 소유라는 것이 없다. 누구든지 무엇을 자기 것이라고 주장하는 사람은 즉시 지옥으로 떨어져 악한 영이 된다"[91]는 것은 맞는 말입니다.

그러나 동시에 "이기는 그에게는…… 흰 돌을 줄 터인데 그 돌 위에 새 이름을 기록한 것이 있나니 받는 자밖에는 그 이름을 알 사람이 없느니라"[92]는 말씀도 주어졌습니다. 영원한 세계에서도 하나님과 나만의 비밀로 남을 이 새 이름보다 더 '내 것'이라고 할 만한 것이 무엇이 있겠습니까? 우리는 이 비밀스러움에서 어떤 의미를 찾을 수 있습니까? 여기에는 구속받은 자들 하나하나가 하나님이 지니신 아름다움의 한 면씩을 다른 어떤 피조물보다 각각 더 잘 알아 영원토록 찬양하게 된다는 의미가 들어 있는 것이 확실하지 않습니까? 모든 자를 무한히 사랑하시는 하나님께서 한 사람 한 사람을 각기 다르게 사랑하실 생각을 갖지 않으셨다면 왜 우리를 개

---

90) 요한복음 12장 24-25절, 전도서 11장 1절, 마태복음 10장 39절.
91) 〈독일신학 *Theologia Germanica*〉, LI. *
92) 요한계시록 2장 17절. *

별적인 존재로 창조하셨겠습니까?

이러한 각자의 차이점들은 축복받은 피조물들 간의 사랑, 즉 성도의 교제를 손상시키기는커녕 오히려 의미로 충만케 합니다. 모든 피조물이 똑같은 방식으로 하나님을 경험하며 동일한 예배를 드린다면, 승리한 교회(Church triumphant)의 노래는 어떤 교향악도 울리지 못한 채 모든 악기가 같은 음을 연주하는 악단이 되어버릴 것입니다. 아리스토텔레스는 '도시는 서로 다른 것들의 연합체'라고 했고,[93] 성 바울은 '몸은 서로 다른 지체들의 연합체'라고 했습니다.[94] 천국은 하나의 도시이자 몸입니다. 그 축복받은 사람들은 영원토록 서로 다른 존재로 남을 것이기 때문입니다. 또한 천국은 사회입니다. 각 사람이 다른 모든 이들에게 말해 줄 무언가—모든 사람이 '우리 하나님'으로 찬양하는 그분 안에서 각자 발견하는 '나의 하나님'에 대한 새롭디 새로운 소식—를 가지고 있기 때문입니다. 자기만이 목격한 광경을 다른 모든 영혼에게 전달하고자 하는 각 영혼의 시도(이때 사용하는 전달 수단에 비하면 지상의 예술과 철학은 조잡한 모방에 불과합니다)는 계속 성공을 거두면서도 결코 완료되지 않는 시도로서, 우리가 개별적인 존재들로 창조된 또 하나의 이유이기도 합니다.

연합이란 서로 구별되는 존재들 사이에서만 이루어질 수 있는

---

93) 〈정치학 *Politics*〉 II, 2, 4. *
94) 고린도전서 12장 12-30절. *

일입니다. 어쩌면 이러한 관점을 통해, 만물의 의미를 살짝 훔쳐볼 수 있을지도 모르겠습니다. 범신론은 틀린 신조라기보다는 시대에 형편없이 뒤처진 신조입니다. 창조가 이루어지기 전에는 "모든 것이 하나님"이라는 말이 맞을 수도 있었을 것입니다. 그러나 하나님은 창조하셨습니다. 그는 자신과 다른 존재들을 만드셨고, 그 구별된 존재들이 그를 사랑하는 법을 배우게 하셨으며, 단순히 똑같아지는 것이 아니라 연합을 이루게 하셨습니다. 이처럼 그도 자기 떡을 물 위에 던지셨습니다.

피조세계 안에서도 "의지가 없는 무생명 물질들은 인간과는 다른 의미에서 하나님과 하나"라고 말할 수 있을 것입니다. 그러나 하나님의 목적은 우리가 그러한 옛날의 동일성으로 회귀하는 것(몇몇 이교 신비주의자들이 시키는 일이 아마 이것인 것 같습니다)이 아니라, 서로 최대한 구별된 존재가 됨으로써 한결 차원 높은 방식으로 하나님과 다시 연합하는 것입니다. 심지어 거룩하신 그분 안에서조차 '말씀이 곧 **하나님이시다**' 라는 것만으로는 충분치 않았으며, 그 말씀은 **하나님과 함께** 계셔야 했습니다.[95] 성부는 영원히 성자를 낳으시며, 그로부터 성령이 나오십니다. 신성(神性)의 내부에 구별이 생김으로써, 서로 주고받는 사랑의 연합이 단순한 산술적 연합이나 동일성을 초월할 수 있게 된 것입니다.

---

95) 요한복음 1장 1절.

그러나 각 영혼의 영구적인 차별성—각 영혼과 하나님의 연합을 통해 본질적으로 새로운 종(種)이 만들어지는 비밀—은 천국의 소유 금지법을 폐기시키지 않습니다. 동료 피조물과의 관계에서 생각할 때, 추측건대 각 영혼은 자신들이 각자 받은 것을 다른 모든 영혼에게 내주는 일을 영원히 하게 될 것입니다. 또 하나님과의 관계에서 생각할 때 기억해야 할 것은, 인간의 영혼이란 하나님이 채우시는 빈 구멍이라는 사실입니다. 인간의 영혼과 하나님의 연합은 거의 본질적으로 인간의 끊임없는 자기 드림(self-giving)—자신을 개방하고 열어젖히며 양도하는 것—을 의미합니다. 축복받은 영혼은 자기 속에 부어지는 빛나는 쇳물을 점점 더 많이 감내하는 거푸집이자, 영적인 태양이 정오에 내뿜는 그 강렬한 빛에 자신을 점점 더 많이 드러내는 몸입니다. 우리는 천국에 극기(克己) 비슷한 것이 필요치 않다거나 영원한 삶이란 영원한 죽음을 의미하지 않을 것이라고 추측할 필요가 없습니다. 이런 의미에서 볼 때 지옥에 쾌락이 있을 수 있듯이(거기에서 우리를 보호해 주시기를), 천국에도 고통과 전혀 다르지 않은 무언가가 있을 수 있습니다(곧 그것을 맛보게 해 주시기를).

왜냐하면 어디에서든 자신을 드릴 때, 우리는 전 피조세계의 리듬뿐 아니라 전 존재세계의 리듬에 닿게 되기 때문에 그렇습니다. 영원한 말씀이신 그분 또한 자신을 희생제물로 드리셨기 때문에, 비단 갈보리에서만 그렇게 하신 것이 아니기 때문에 그렇습니다.

그가 십자가에 못 박히신 것은 곧 "집에서 영광과 기쁨 가운데 하시던 일을 외지(外地)의 험한 비바람 속에서도 하신"[96] 것이기 때문에 그렇습니다. 그는 세상의 기초를 놓기 전부터 자신의 태어난 신성(begotten Deity)을 낳으신 신성(begetting Deity)에게 순종으로 양도하고 계십니다. 그리고 성자가 성부를 영화롭게 하시듯이, 성부도 성자를 영화롭게 하십니다.[97]

평신도로서 조심스레 말하건대, 저는 "하나님은 자신을 자신으로서가 아니라 선으로서 사랑하신다. 만약 하나님 자신보다 더 선한 것이 있었다면 자신이 아니라 그것을 사랑하셨을 것이다"[98]라는 말이 옳다고 생각합니다. 가장 높은 존재로부터 가장 낮은 존재에 이르기까지 자아는 드려지기 위해 존재하며, 그렇게 드려질수록 진정한 자아가 되고, 그 결과 더 드리게 되는 과정이 영원히 계속됩니다. 이것은 지상에 머문다고 해서 피할 수 있는 천상의 법도 아니요, 구원받는다고 해서 피할 수 있는 지상의 법도 아닙니다. 이같은 자기 드림의 체계 밖에 있는 것은 이 땅도 아니요, 자연도 아니요, '평범한 삶'도 아니요, 오직 지옥뿐입니다. 그리고 그 지옥의 실체도 사실은 이 법칙에서 파생된 것입니다. 자아 안에 갇히는 그 혹독한 감금 상태는 절대적 실체인 자기 드림이 뒤집힌 것에 불

---

96) 맥도널드, 〈전하지 않은 설교 Unspoken Sermons: 3rd Series〉, 11, 12. *
97) 요한복음 17장 1, 4, 5절. *
98) 〈독일신학〉, XXXII. *

과합니다. 즉 어둠이 밖에서 실체를 둘러싸 그 실체의 형태를 한정함으로써 형성되는 소극적인 형태, 또는 그 실체가 자신의 적극적인 본질과 형태를 취함으로써 어둠에 부여해 주는 소극적인 형태에 불과합니다.

자아 인식이라는 황금 사과가 거짓 신들 사이에 떨어졌을 때 불화의 열매가 되어 버린 것은, 그들이 서로 그것을 차지하려고 앞다투어 싸운 탓입니다. 그들은 그 거룩한 경기의 첫번째 규칙, 즉 모든 선수는 공을 잡은 즉시 다른 선수에게 넘겨야 한다는 규칙을 몰랐습니다. 공을 계속 잡고 있다가 걸리면 실책이며, 끝까지 붙들고 있으면 죽음입니다. 눈으로 따라잡기 힘들 정도로 빠르게 공이 옮겨 다닐 때, 그 위대한 주인이 '말씀'의 나심을 통해 영원토록 자신을 피조물들에게 주시며 '말씀'의 희생을 통해 다시 자신에게로 되돌아가심으로써 유쾌한 잔치 자리를 이끌어 가실 때, 참으로 그 영원한 춤은 '천국을 조화로움으로 나른하게 만들 것'입니다. 우리가 지상에서 알았던 모든 고통과 쾌락들은 그 춤동작의 초보 단계에 불과합니다. 그 춤 자체는 현세의 고난과 결코 비교될 수 없습니다. 피조세계에 속하지 않은 그 리듬에 가까이 다가갈수록 고통과 쾌락은 눈앞에서 사라져 버립니다. 그 춤 안에는 기쁨이 있지만, 기쁨을 위해 그 춤이 존재하는 것은 아닙니다. 그 춤은 심지어 선이나 사랑을 위해 존재하는 것도 아닙니다. 그 춤은 사랑 그 자신(Love Himself)이며 선 그 자신(Good Himself)으로서, 그렇기 때문에 행복한 것입니다. 그것이 우리를 위해 존재하는 것이 아니라, 우리가 그것을 위해 존재합니다.

이 책의 서두에서 우리를 섬뜩하게 했던 우주의 어마어마한 크기와 빈 공간은 지금도 우리에게 경외감을 불러일으켜야 마땅합니다. 그것은 삼차원적인 상상의 주관적인 부산물에 불과함에도 불구하고 위대한 진리를 상징하고 있기 때문입니다. 지구가 모든 별과 비교될 수 없는 것처럼, 우리 인간과 우리의 관심사들 또한 모든 피조세계와 비교될 수 없는 것이 확실합니다. 또 모든 별들이 우주 공간 자체와 비교될 수 없는 것처럼, 모든 피조세계와 모든 보좌와 모든 권세와 능력과 피조된 신들 중 가장 강한 자 또한 자존하시는 '존재'의 심연, 곧 우리에게는 아버지요 구속자요 내주하시는 위로자가 되시지만 원래 그가 어떤 분이시며 '처음부터 끝까지 이루시는' 일이 무엇인지에 대해서는 어떤 인간이나 천사도 말할 수 없고 알 수도 없는 그 '존재'의 심연과는 비교될 수가 없습니다. 왜냐하면 그들은 모두 실체 없이 파생된 존재들이기 때문입니다. 그들의 시야는 여기에서 끝납니다. 그들은 전에도 있었고 지금도 있으며 앞으로도 있을 완전한 현실, 그렇게밖에 될 수 없고 그 반대의 경우란 있을 수 없는 완전한 현실의 견딜 수 없는 빛을 피해 자기 눈을 가릴 것입니다.

부록

고통은 쉽게 알아볼 수 있는 흔하고 명백한 사건입니다. 그러나 성격이나 행동을 관찰하는 일은 그만큼 쉽거나 완전하거나 정확하지 않으며, 의사와 환자처럼 가깝기는 하지만 일시적인 관계에서는 더더욱 그렇습니다. 이러한 어려움에도 불구하고 진료 과정에서 점차 얻게 되는 일정한 인상이 있는데, 그 인상은 경험이 늘어날수록 점점 더 확고해지고 있습니다.

심한 육체적 고통이 짧게 닥칠 때, 당사자는 그 고통에 압도되어 버립니다. 그는 대개 큰 소리로 불평을 토로하지 않습니다. 고통을 덜어 달라고 애걸하기는 하지만, 쓸데없이 상세하게 자기 괴로움을 설명하지는 않습니다. 그 사람이 자제력을 잃거나 난폭해지거

이 부록은 의학박사 하버드R. Harvard 씨가 친절히 제공해 준 내용으로서, 임상 경험을 통해 관찰한 고통의 효과를 기록한 것입니다.*

나 이성을 잃는 경우는 흔치 않습니다. 가장 심한 육체적 고통이 이런 의미에서 참기 힘든 일이 되는 경우는 드뭅니다. 짧고 심한 육체적 고통을 겪고 난 사람에게는 뚜렷한 변화가 일어나지 않습니다.

장기간에 걸쳐 지속되는 고통은 좀더 눈에 뜨이는 효과를 나타냅니다. 사람들은 거의, 또는 전혀 불평 없이 고통을 받아들이며 점점 더 강한 정신력과 체념의 태도를 보여 줍니다. 자만심이 수그러들기도 하고, 때로 고통을 감추려는 결심을 하는 환자들도 있습니다. 류머티스 관절염을 앓는 여성들은 폐병 환자의 'spes phthisica'에 비견될 수 있을 만큼 특징적인 쾌활함을 보여 줍니다. 이는 아마도 성품이 강해진 탓이라기보다는 감염에 의한 가벼운 중독에 원인이 있을 것입니다. 만성적인 고통을 겪는 사람들 중에는 상태가 점점 악화되는 이들도 있습니다. 그들은 점점 더 불평을 많이 하고, 환자라는 특권적 지위를 이용하여 가정에서 독재자 노릇을 합니다. 그러나 놀라운 점은, 이렇게 실패하는 사람들의 수는 아주 적은 반면 영웅들의 수는 아주 많다는 것입니다. 육체적 고통에는 대부분의 사람이 알아보고 대응할 수 있는 도전이 있습니다.

다른 한편으로 병이 오래 갈 때 고통이 없는데도 몸과 마음이 다 소진되는 경우가 있습니다. 환자는 투병을 포기한 채 애처로운 소리를 내며 무력하게 자기 연민의 절망 속으로 빠져듭니다. 그러나 어떤 이들은 육체적으로 비슷한 상태에 있으면서도 끝까지 평온함과 이타심을 지켜 냅니다. 그런 모습을 보는 것은 드물지만 감동적인 경험입니다.

정신적인 고통은 육체적인 고통보다 덜 극적이지만 더 흔히 겪을 수 있으며 더 견디기 어려운 고통입니다. 정신적 고통은 감추려 할 때가 많기 때문에 더 괴롭습니다. "마음이 찢어진다"는 말을 하기보다는 "이가 아프다"는 말을 하기가 더 쉬운 법입니다. 그러나 고통의 원인을 받아들이고 직시할 때, 갈등을 통해 성품이 강해지고 정화될 뿐 아니라 고통도 때가 되면 대개는 사라지게 되어 있습니다.

물론 고통이 지속되어 파괴적인 효과를 내는 경우도 가끔 있습니다. 고통의 원인을 직시하거나 알아보지 못할 때 고통은 만성적 신경증이라는 음울한 상태로 이어집니다. 그러나 만성적인 정신적 고통도 영웅처럼 극복해 내는 이들이 있습니다. 그들은 종종 놀라운 일을 해내며, 자기 성품을 단련된 강철처럼 강하고 굳세고 예리하게 단련시킵니다.

현실적인 정신병의 상황은 좀더 어둡습니다. 모든 의료 분야를 통틀어 봐도, 만성적 우울증에 빠진 사람을 지켜보는 것보다 더 끔찍한 일은 없습니다. 그러나 대부분의 정신병 환자들은 스스로 불행하다고 생각지 않거나, 실제로 자기가 어떤 상태인지 의식하지 못합니다. 두 경우 모두, 설사 회복된다 해도 놀라울 만큼 아무 변화 없이 병들기 전의 상태로 돌아가 버립니다. 그들은 자기 병에 대해 아무것도 기억하지 못할 때가 많습니다.

고통은 영웅의 자질을 드러낼 기회를 제공합니다. 그리고 놀라울 만큼 많은 이들이 그 기회를 잡고 있습니다.

옮긴이 이종태

한국외국어대학교 영어과를 졸업하고 장신대 신학대학원에서 신학을 공부했다. 미국 버클리 GTU(Graduate Theological Union)에서 기독교 영성학으로 철학박사(Ph. D.) 학위를 받았다. 《순전한 기독교》, 《고통의 문제》, 《시편 사색》, 《네 가지 사랑》, 《인간 폐지》(이상 홍성사), 《다윗: 현실에 뿌리박은 영성》, 《가르침과 배움의 영성》(이상 IVP), 《메시지 예언서》(복있는사람) 등 다수의 책을 번역했다.

고통의 문제
The Problem of Pain

지은이 C. S. 루이스
옮긴이 이종태
펴낸곳 주식회사 홍성사
펴낸이 정애주
국효숙 김의연 김준표 박혜란 손상범
송민규 오민택 임영주 차길환

2002. 3. 12. 양장 1쇄 발행   2017. 8. 15. 양장 25쇄 발행
2005. 9. 30. 보급판 1쇄 발행   2018. 9. 11. 보급판 21쇄 발행
2018. 12. 17. 무선 1쇄 발행   2022. 12. 15. 무선 9쇄 발행

등록번호 제1-499호 1977. 8. 1.
주소 (04084) 서울시 마포구 양화진4길 3 전화 02) 333-5161 팩스 02) 333-5165
홈페이지 hongsungsa.com 이메일 hsbooks@hongsungsa.com
페이스북 facebook.com/hongsungsa
양화진책방 02) 333-5161

• 잘못된 책은 바꿔 드립니다. • 책값은 뒤표지에 있습니다.

ISBN 978-89-365-1325-2 (03230)